加持力の世界

新装版

三井英光
Mitsui Eiko

東方出版

序にかえて

弘法大師に依って我国に伝えられたる真言密教は加持祈禱の宗教ということが出来る。

仏教諸宗派の中には、その宗旨の立前から祈りをすることを嫌うものもある。浄土真宗の如きは正にそれで、祈りをすることはいわゆる自力の雑行で、阿弥陀如来他力の本願にあずかる正信の道ではないとして寧《むし》ろ排斥する。

また禅宗の如きも、坐禅弁道して真如の空理を観じ、あくまで覚証を成ずることを立前として、祈りの如きはその付属として行なう程度である。

独り祈りに重きをおくのは日蓮宗と真言宗とである。余宗はさておいて、真言密教はその教えの立前からして、その教理内容を深く体解《たいげ》すればするほど、祈りにまで進まずにはおれない。即ち覚証と祈禱とは、常に表裏一体だからである。その覚証が、密教としての面目を深めるほど、それはおのずから祈禱にまでなって来る。但し密教の祈禱は、所謂祈禱師とか、世にいう「拝《おが》み屋《や》」のような拝み方ではない。

それは密教の深い教えよりにじみ出た法に依る三昧と所作に基づくものである。個人の狂信的な気まぐれの発作でないことは勿論である。従って祈禱といわずして、寧《むし》ろ「加持《かじ》」というのである。

加持とは、分かり易くいえば、ものそのものの不純を除き、本来の性能を開発する所の、法に依れる神秘的所作である。従って「祈る」という代りに「加持する」という所以《ゆえん》である。加持することによって所願を成就すると説くのである。大師は真言密教の体得者であると共に、非凡なる加持の行者でもあられた。大師はその『御遺告《ごゆいごう》』の中に

「勅命に依って国家の御為めに壇を構え法を修すること五十一箇度云々」

と述べられ、また

「三密を以って加持すれば速疾に顕わる」

ともいっておられる。

本書は、密教における加持祈禱の成立つ原理と、その利益現成《りやくげんじょう》については特に祖師である弘法大師の入定の悲願に基づくものであるが、現実にそれを修しての私の体験談のいくつかをも加え述べた。人の世に真の安心と幸福をもたらす勝れた祈りの道の在ることを、物質文化のひずみから苦悩の絶えない今の世に遺《のこ》して置きたいと思うの余り、この書を公刊した次第である。

巻末の「附記」は、特に密教の加持祈禱の立場について記せるもので、その本質を明らかにする上の、何等かの参考になると思い、附記した。

昭和六十年五月二十日　　神宮寺草庵緑窓下　　著者誌す

目次

挿画　兼島聖司

第一章　真言密教は加持祈禱の宗教

1　真言密教の覚りの本質

弘法大師によって我国に伝えられ開かれた真言密教は、一言でいうと神秘体験の宗教といえる。肉眼では見ることが出来ず、乃至《ないし》耳鼻舌身の五官の感覚や知覚では捉《とら》え得ないところであるから神秘といい、併しそれは厳然と在って瞑想とか観照とかによって心魂にひびき、確信となってよみがえり、いつまでも尽きない意識の対象となるから真実在ということが出来る。その真実在を心に覚り身の上に証するから体験というのである。このような神秘なる大実在を深く体験し、この法力をめぐらして自らや他の上に真実の安心と悦びと幸せをもたらすのが、密教の本分なのである。

その大実在とは一体どのようなものなのか。凡そものごとを知るのには、いつも対立するものの中においてそれを知ることが出来る。

例えば自分の存在を知るのには、他と対立させて始めてそれを知る。しかるに自と他との対立を超えたもの、それは自にも非ず他にも非ず。むしろ自と他を同時一処に支えているものであって、それはもはや対立の次元を異にする何ものかである。

また一は多との対立においてのみ一つの存在を知るのであるが、今、一にも非ず多にも非ざる何ものかをいうとすれば、それは一と多を同時に包んでいるところの、次元を異にする何ものかである。そのようなあらゆる対立を超えた絶対的な何ものかが、我々の知識の届かぬ処に厳然と実在するのである。

今、我々の感覚や知覚の及ぶ範囲の、在りとあらゆる、生きとし生けるもの、具体的にいえば、地球上に棲息する人間、動物を始め植物、鉱物、乃至《ないし》岩石や土砂に至るまで、更に遠く近くに点在し運行している無数の星々天体等々、これらの森羅たる万象、これらの一切を内に包み生かし支えている何ものか——それはあらゆる対立を超えて絶対にして無限、しかも一如となって生き通しに生きつづける大生命——の実在することが深く観照出来る。ただしそれは知識分別を絶し、次元を超えた神秘体験の境地として始めて捉《とら》え得るのである。

ただキリスト教やイスラム教の神のように、宇宙の外に別在していて宇宙万象を創《つく》ったと称する、所謂造物主ではない。強いていえば宇宙そのものが神であり、万象は神——即ち仏の身心そのものなのである。宇宙万象は始めも無く終りも無い。本来有っていつまでも生きつづく大生命の真実在の顕現なのである。

古来より仏教ではその真実在の内容を説くのに「真空妙有《しんくうみょうう》」という言葉を以ってして来た。真空とはあらゆる相対的な対立を超えることで、自と他、有と無、一と多、遠と近、上と下、始めと終り、生と滅、増と滅、本と末などのあらゆる対立を絶した境地であることを示し、それを「如虚空《にょこくう》」とも「不可得《ふかとく》」ともいって来た。されぱとて所謂虚無《きょむ》――その内容は何ものも無い所謂「からっぽ」かというにそうではない。絶対にして無限、しかも永遠を今としていつまでも生きている何ものかが実在している。それを妙有とも真実在ともいうのである。喩《たと》えば水のようなもので、水は器に依って円くもなれば四角にもなるが、水それ自身は円でも四角でもない。これらすべての形象を超えており、しかも厳然と有ってすべてのものを潤し、エネルギーの根源をなしている。このような真空妙有の真実在を如来蔵性《にょらいぞうしょう》とも普賢大菩提心《ふげんだいぼだいしん》とも実相般若波羅蜜海《じっそうはんにゃはらみっかい》とも、または法身仏《ほっしんぶつ》とも遍照《へんじょう》金剛《こんごう》ともいうのである。

何れにしても万象を内に包める大宇宙を己《お》のが身体として永恒に生きつづける宇宙生命をそのまま法身の霊体と仰ぎ、それを「諸仏の真身《しんじん》」といい、これが真言密教の根本本尊なのである。大師も『秘蔵記』に

「凡そ佛《ほとけ》とは有漏《うろ》の五蘊《ごうん》等の身を捨てて、無漏《むろ》五蘊等の微細《みさい》の身あり。如虚空《にょこくう》と云う者《は》、周遍法《しゅうへんほう》界《かい》の理のみ。その体無きに非ず、諸佛の真身は、千灯の同時に照して而かも障碍《しょうげ》せざるが如し。但し佛《ほとけ》と佛《ほとけ》とのみ能く見知す。凡夫の肉眼にては見ることを得ず云々」

と。

この大実在を深く知る事が覚りであり、それに心が据れば安心《あんじん》となり、尽せぬ悦びがわき、すたらぬ楽しさを覚え、愛と力の源泉でもあり、始めて真実の生きがいを感ずるのである。

したがってこれを信知し体解する時は、自らの幸福だけでなく、おのずから他の為めにも祈らずにおれない心情がわく。何故かといえば、自己の本源を知れば知るほど、おのずからそれは仏性を通して他と同一体であることが分かり、自他共に同一仏性を開顕して止まぬ悲願の心情もわいて来ずにはおれない。このような熱情がわかないのは、未だ密教の真実の覚りが身についていないからである。この同体大慈悲の心情が、やがて深い祈願となって働き出るのである。

2　加持とは

しかるにこのような熱情が、他のためとはいえ、恰《あた》かもレールを脱《はず》れて暴走する車の如く、また堤防を破って汎濫する水の如くであっては、却って世を害し人を悩ますことになる。しかるに密教では、祈願の熱情を必ず加持《かじ》というレール、すなわち軌道に乗せて運ぶのである。

今、加持というのは翻訳語で、その原語をたずねれば、梵語のアディスターナ（adhiṣṭhāna）といい、本来はアディ（adhi）とスターナ（ṣṭhāna）の合成語である。アディは「加」、スターナを

「持」と訳す。加は添加増加の意味、持は任持受持の意である。要するに上から加わるのが「加」で、下からそれを受けとめるのが「持」である。この二つの働きが一つに融《と》け合って作用するから加持というのである。

ところが加わる力を受けとめる持の働きは、反面からすればそれを感ずるからよく受けとめることが出来るし、またそれに応じて加わるからその加の働きを成就する。即ち加持する働きは、感応することに依ってよく実を結ぶ。即ち加持感応することに依って何事も成就するのである。これは物事の成就の軌道である。

今はこの加持感応の原理を、実際から抽象して、その作用だけを観察して来たのであるが、これが現実の世相の中に具体的にどのように働いているかを、次の二方面に分けて見ることにする。

(A)　本有の加持感応

(B)　修生《しゅしょう》の加持感応

元来本有修生《ほんぬしゅしょう》ということは密教の専門語であるが、本有とは法爾自然《ほうにじねん》の、あるがままの自然界や人間社会の現象をいうのであり、修生とはある一つの法を修してその成果を現実にもたらすをいう。

3　本有の加持感応

まず本有の加持感応とは、本来法爾としての自然現象や人類社会の文化現象の上に、加持感応がどのように作用しているかをいうのである。古来より祖師先徳方はこれを左の五方面から観察している。

（イ）人々加持感応
（ロ）法々加持感応
（ハ）人法加持感応
（ニ）仏々加持感応
（ホ）生仏加持感応

まず(イ)の人々加持感応とは、人と人との関係が加持感応に依って成立っているをいう。例えば夫婦関係のごときがそれで、仮りに夫が加なら妻は持でうまく家庭が成立つ。もし妻が加の場合は夫は持で、これもうまく行く。もし夫も加、妻も加になると家庭は破れてしまう。或る一つの講習会の如きでも、講師が加で受講者が持の立場になって始めて講習会の成果があがる。およそすべての人間関係はお互いの加持感応によって和合し成果が得られて行く。

次の(ロ)の法々加持に於いては、今ここに法というのは、人間以外の自然界の事々物々の事で、例えば動物と植物との間柄を見ても、動物は炭酸ガスを吐き出して酸素を吸い、植物は酸素を出して炭酸ガスを摂る。相互に依りつ持たれつで、足らざるを補ない余れるを足し合ってお互いに生を全うしている。南瓜《かぼちゃ》は花を咲かせて蜜をたゝえ、蜂は蜜を吸って花粉を媒介する。それに依って南瓜も実を結び蜂も肥えてゆく。自然に加持感応が行われているのである。大は無数の天体の運行の如き、遠心力と求心力との釣合いの中に衝突することなくいつまでも続けられてゆく。また小は原子の構造の如き、陽子と電子との陽陰の堅き結合と釣合いの上に立って物質界自然界は安定しているのである。若しそのバランスが破れる時には大破壊が起こるであろう。

第三の(ハ)の人法加持は、例えば人間が物を食べてそれが腹に入って、消化して身体となり心を働かして行く事に依って自然に健康が保たれて行く。即ち人と食物とがうまく加持感応している。又衣服がよく身体に合って心地よく何の違和感もない。うまく加持感応しているからである。

第四の(ニ)の仏々加持は、密教の曼荼羅に於いても、根本一仏の大日如来より、その分身として無数の如来、菩薩、明王、天神等の応現仏が十方に示現し、これらの諸仏らの秩序整然たる集会を曼荼羅というのであるが、これらの諸仏は、どの一仏をとってもその中に他の一切が入って来ており、曼荼羅の上に於いては仏と仏とがお互いに主となり伴となって加持感応しているをいう。

第五の（ホ）の生仏加持とは、仏は衆生を済度せんために現見の姿を示して応現し給い、衆生はその仏の利益を被らんがためにその救いを仰いで拝む。所謂仏と衆生との加持感応を生仏加持というのである。

右の如く真に法爾さながらに自然界といい人間社会といい、仏界といい衆生界といい、およそありとあらゆる生きとし生けるもの悉くが、相互に加持し感応して始めて成立ち各々生を遂げているのである。

蓋し真言密教の教旨に依れば、森羅万象は大日如来遍照金剛なる大宇宙生命の無尽の荘厳なのである。即ち人間動物は元より一木一草、一塊の石、一粒の砂の微に至るまで悉く大日如来の分身であり分霊ならざるはないのであるから、一の中にも一切を具し、どの一つも他とのあらゆる関係の中に調和を保っている。いいかえれば本来相互に加持感応の関係に於いて在る。これを本有の加持感応というのである。

4　修生の加持感応

次に修生の加持感応とは、或る一つの秘法を修して、本有の加持感応の理を現実の生活の上にもたらすをいう。その秘法とは、密教では「三密瑜伽法《さんみつゆがほう》」なのである。三密というのは身密、語（口）密、意密の事で、身密としては両手並びにその指を組合して印を契び、語密としては口に真言を唱え、意密では意《こころ》を鎮めてその三昧に入る。

何故この三密の法がよいのかというに、凡そ大宇宙生命が常恒に生きてその働きを示す場合、その身体の上に森羅たる万象の種々相を示し、その声としては諸々の音声を響かせ、その意趣をばこれらの形や声の内に秘めている。これを密教では、大宇宙身たる大日如来の身語意三密の無尽荘厳蔵というのである。いわば大宇宙身の仏の身語意三密の働きが無尽に織り出されて、森羅たる天地の万象を成しているというのである。

我らもまた、この法身の仏の働きの分身としてこの世に生まれて各々身語意の三つの機能を具えているのであるから、今この身の上にはその働きの代表である両手の指を組合せて印を結び、口には仏の心ばえのほどばしりである真言を誦《とな》え、意は神秘の大実在の意命に安住して思念を凝らし、かくて仏の三密をそのまま我が身語意の上に表現するのである。

これを三密の妙行といい、それはそのままで仏の三密を通して他の一切の三密とも通じ合う。これを瑜伽《ゆが》というのである。瑜伽とは梵語で、古来相応と訳して来たのであるが、実は印を結び真言を誦《とな》え三昧に住する三密の妙行は、そのまま仏のそれに一致し、他の万象にも通ずる。即ち神秘の大実在に入れば法界を挙げて自他共に一如であり一体であるからである。かくて三密瑜伽の行法を修してその三昧に住すれば、距離の遠近を超えて一如であり、時の古今を絶して永遠の今を生きるのである。かくて本有の加持感応の理を現実にもたらして、居ながらにして加持感応し、世を利し人を安んずる勝事業をも成すことが出来るのである。

大師も『秘蔵記』の中に、三密瑜伽行を以って神秘実在の境界に住して衆生のために祈ることこそ、利他の働きの最勝なることを説いて居られるのである。

「……此れに依って、我れ衆生のために悲愍《ひみん》を発《おこ》して修する(三密瑜伽行を修する)所の功徳は、自然に一切衆生の所作の功徳と成る。是れ則ち真言行者の利他《りた》の行なり、真言行者、当《まさ》に手に印を作し、真言を誦じ、乃至一切の時に恒に此の観を作すべし云々」

5　三密瑜伽行――加持祈禱法の種類

以上真言密教に於いて加持祈禱の成立つ所以《ゆえん》を説き、三密瑜伽の行がその秘法であることを明らかにして来た。従って密教では、三密瑜伽の行が、古来より経軌の中に多種多様に互って説かれている。それを大別して分類すると、左の如くになる。

- 普通法
  - 小法立
  - 中法立――別行立
  - 大法立――都法立
- 特殊法
  - 護摩法
  - 浴油法
  - 灌頂法
  - 其ノ他ノ小法立

この様に多種多様になっているのであるが、それらを貫ぬくものは三密瑜伽行を出でない。これらの秘法の中で、どれか一法を選んでその道の阿闍梨《あじゃり》（師匠）より受け、それをひたすら精修する時はおのずからにして仏の三昧と一つになる。一大海の水は百川に通ずる如く、一法を修して神秘の大実在の海に入れば、それより万法に通じ、それをめぐらせばそのままであらゆる化他の利益《りやく》行が成就されるのである。三密瑜伽行の加持祈禱こそ密教の最も大切な行なのである。

大師もまた「勅命に依って、国家社会民福のために壇を建て法を修すること五十一箇度、その他私に行ぜるものその数を知らず」と仰せられている。大師は非凡なる加持祈禱の行者であられた。どのような事業をなさるにも、まず法を修して加持祈願され、それを土台としてその上に事業を興された。またお書きになった御文章にも、四恩の広徳に報いんがためとの祈りを籠められているのである。その御入定もまた、末世に永く衆生の弥栄《いやさか》を祈り且つ成就せんことを期せられて、三密瑜伽の三昧に住されたまゝで永き禅定に入られたのである。大師のみ独り、今も尚救いのみ親と信じ仰がれているのも、この一大事があればこそである。

○

これより以下、章を改めて、祖師である弘法大師御一代の行状と、特にその御入定の悲願―同行二人の御誓願の内容に触れ、続いて私が若い頃より今日に至るまで、ひたすら三密瑜伽の行を信修し大師の御誓願に縋って仏に祈りを捧げ、霊験をいただいて苦難を乗り超えて来た実際の話を書きつけてゆこう。これからの真言行者の行く手を照らす一灯にもなり、并せて諸人の真実の安心と幸福をもたらす方便にもなれば幸せである。

第二章　弘法大師一代の行状と
その入定の悲願

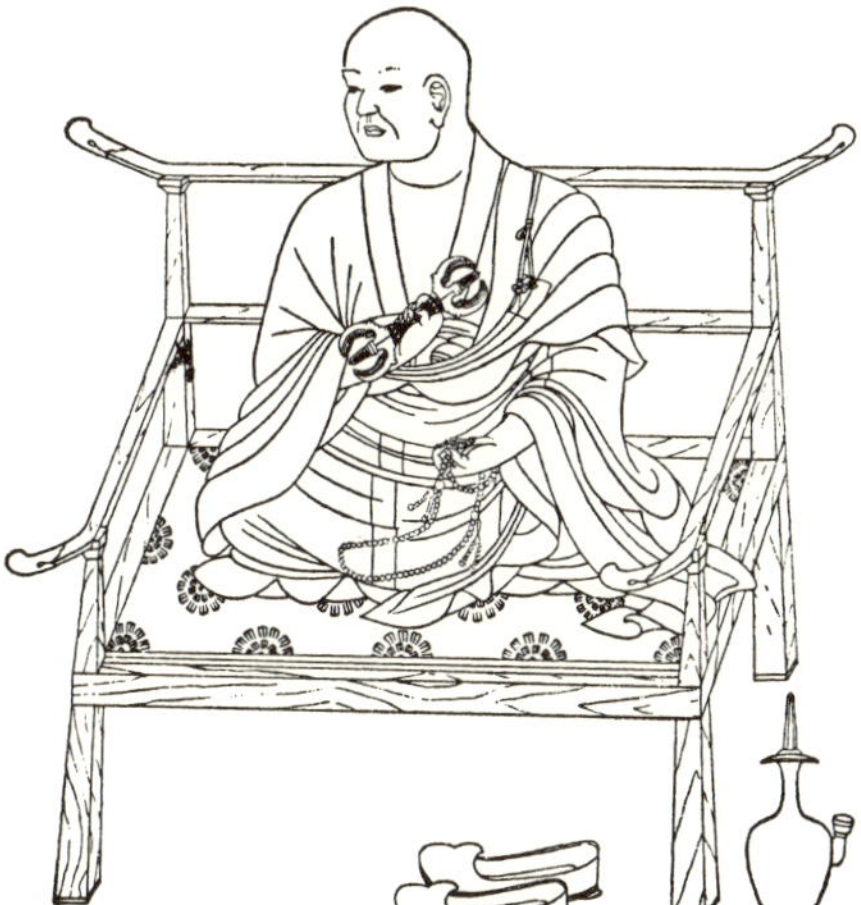

1　生誕より入唐まで

同じ人の親を父母として生まれ、時代は遠く隔てていても同じく人の子として現代に生まれた私等凡夫と比べて見て、弘法大師——お大師様のみはいつまでも生き仏として仰がれているのは、そもそも何故だろうか。小さくとも五尺の肉身を具えて八十に余る寿命を保っているこの自分に比べて、お大師様は立派な体格の持主ではあってもやはり同じ人間であり六十二歳でこの世での寿命を閉じられたにもかかわらず、救世主として今も尚諸人より慕われているではないか。どこにその値打ち、違い目があるのであろうか、と深く考えさせられるのである。世には天分も勝れ智慧も才覚も力量も万人に超えて、一代に名をなした英雄や豪傑もあるが、後世永く拝まれ慕われる人は稀である。どこにその人間性の価値の異なりがあるのであろうか。

ひそかに省みて見るのに、我ら凡人のもの事の考え方はいつも自分を本位にしている。この五尺の肉身の中に何か自我の主体があるように思ってこの我《わ》れの幸福とか、自由とか、安逸とか、その名誉とそれの権勢とかを考え方の基本に置いている。

ところがお大師様のようなお方は、この小さい自分をも含めてすべての人々——乃至生きとし生けるものみな自分と一体であるとの考え方が、自然にその心ばえになっている。その心情がそのますくすくと伸びてそれが情操の上でも思想の上でも信念の上でも行動の上でも百パーセント発揮された。そしてそれが来世への誓願となっていつまでも働いて行く事を願われ、その道を成就されたからではなかろうか。このところに同じ人間でありながら我等凡人と聖者との異なりを生ずるのではなかろうか。

そう考えて見て、さてお大師様の御一生を伺う時すでに御誕生のその時からその兆《きざ》しがあったのである。お大師様の『御遺告《ゆいごう》』に

「父母云わく、我子は是れ昔仏弟子なるべし。何を以ってか知るとならば、夢に天竺国より聖人来って我らの懐ろに入ると見き。かくの如くして姙胎し産生ませる子なればなり云々」

と述べられている。

このような霊夢の話などすると、今の時代の人は全く迷信であるかの如く思ってしまう。これは生命の深い趣きを知らないからである。父母和合の縁に依って新しい生命が生れて来るのは誰にでも分かっているが、何か父母二人だけでそれを創り出した様に錯覚してしまっている。もし二人だけの創作なら男でも女でも美醜何れでも好きなように創り生めるはずである。ところが事実はそうで

はない。現に姙《みごも》っている母親にさえも男女何れであるやら美醜何れであるやらも分らない、生れ出て来て始めてそれを知るのである。寧ろ父母を超えた何か大きな自然の力に推《お》されて男女引合い恋愛し結婚し和合している内に生まれて来るのである。天地大自然の中よりわく、何ものかの力に推され駆り立てられ、かくして夫婦和合の縁を借りて始めて新しい生命が生れて来る。その大きな力が何か前世に於ける聖人の魂でないと誰れがいい得ようか、私はお大師様托胎の時の母公の霊夢は当然あり得る事と思うのである。

さてそのようにして生まれたお大師様であるから、幼少の頃からすでにその兆しが心情になっていた。『御和讃』に

「御年七つのその時に、衆生のために身を捨てて、五つヵ嶽に立つ雲の、立つる誓いぞ頼もしき」とある。即ち七、八歳の幼少の頃、そのお屋敷の裏にひときわ聳《そび》ゆる五つヵ嶽の高峰、禅定ヵ峰にお登りになり、眼下に展《ひろ》がる讃岐平野を見下ろしては、そこに住む諸人の身の上に想いを馳せてその身心にまつわる苦悩を払って幸せをもたらしたいと思いやり、紺碧《こんぺき》の深いみ空を仰いでは、大いなる何ものかに祈りを捧げられて、何んとかしてそれらを救う事の出来るようなものにならせ給えと願われたお大師様の衆生愛の情念のほどを想像出来るのである。

このような衆生愛の一念がすくすくとのびて、遂に十五歳で都に上り、叔父（母公の弟）の阿刀《あと》

大足《おおたり》の勧《すす》めで、当時の国学である儒教を学び、十八歳で大学に入りてその蘊奥《うんのう》を究めんとされた。天性聡明である上に、その著『三教指帰《さんごうしいき》』の中に述べておられる如く、夜に入っても眠る間もおしんでの猛勉強であったので成績頗る進み、忽ち秀才の名をほしいままにした。大足《おおたり》や大学の教授達からは、行く行くは儒教の所謂聖人君子《せいじんくんし》として、身を立て名を挙げて、学者として又政治家としての栄達の道を大いに嘱望されたのであるが、自分独りの立身出世や世間の倫理道徳もさる事ながら、それよりは生きとし生けるものの生命の底を究め、その生きる上につき纏う苦悩や業障の真実に救われる道こそ、我が求むるところのものとの、衆生愛の一念に催うされるの余り、遂に大学を中途退学して仏道に就かんとした。この大師の非凡な志を見ぬいて、それに求聞持法《ぐもんじほう》を授け、「此の道の精修こそ汝の志願を成就する関門である」とて、心をこめて激励してくれたのが奈良の大安寺の勤操《ごんそう》大徳であった。

求聞持法は、詳しくは「能満所願虚空蔵菩薩心陀羅尼求聞持法《のうまんしょがんこくうぞうぼさつしんだらにぐもんじほう》」と言い、虚空蔵菩薩を拝み、その心陀羅尼《しんだらに》即ち真言を、その行法の中で一座で一万遍念誦し、百座で百万遍念誦し終って結願する。虚空とは今日で言う大宇宙、蔵は大宇宙に秘められた価値性徳、いわば大宇宙生命の内に湛《たた》えられた神秘な実在、あたかもそれは生きとし生けるものを育くんでやまぬもの、それを福智というのであるが、求聞持法は、この大宇宙生命をそのまま生ける虚空蔵菩薩として拝み、その霊光のほどばしりである真言を百万遍念誦して大宇宙生命と端的に合一する真言密教の一つの秘法なのである。この法を修してその義に体達すれば、一切の経法の根本義におのずから通達すると説かれている。

すでに大師以前に真言密教は、その一部分ではあるが我国に伝えられていた。日羅は地蔵尊の一法、法道仙人は金剛摩尼法を我国に来朝して伝え、越ノ泰澄は十一面観音法、役《えん》ノ行者は孔雀明王《くじやくみようおう》法を伝えており、求聞持法も先きに道慈律師が唐に渡りて善無畏三蔵《ぜんむいさんぞう》に受けて帰り、それを善議《ぜんぎ》に伝え、善議は勤操に伝えて、その勤操より今大師は受けたのである。

この一法こそ我が進むべき道と心中深く決意した大師は、十九歳の初夏の頃、大学を中退して一笠一杖に身を托しての一修行者となり、名も無空と改めてひたすらこの求聞持法を修する適地を求めて旅に出たのである。

師の許《もと》を辞してまず大和の大峯山に登り、それより吉野に下って今の高野山を通り紀ノ川の畔《ほと》りに出て川に添うて和歌ノ浦に出て、四国の阿波に渡って名山である大竜《たいりゆう》ヶ嶽《たけ》に登っておられる。この山の頂上より嶺伝いに行くこと十丁余り、一きわ高く上った所に南ノ嶽あり、この所を最も修行の適地と定められた。この台地の西北には更に巌石重なり樹木も茂って自然の雨風が防がれ、東南は遠く開けて展望がきき、夜は満天の星空が仰げるこの所を修行の場と定められた。

大師は石を拾って壇を築き枯草《かれくさ》を集めて座となし背負い来たれる土器かわらけを並べて干飯《ほしい》や花

を盛り水を汲んで供養の物を調のえ、眼前に展開せる大自然をそのまま虚空蔵菩薩と拝して求聞持法の開白をした。求聞持法は一日二座、二万遍の真言を念誦し、五十日で一応満願することになっているが、大師の場合は恐らく精力絶倫であるから殆んど昼夜兼行で行ぜられたことであろうし、三十日位で百座百万遍を結願された事であろう。その結願に近づくに及んで種々な障碍が起った。時々大木を倒し大石がころがり落ちるような轟音がして胆を冷やし、夜に入るとふと妙齢の美女が現われては頻りに誘惑する。大師はそれに屈せず、益々菩薩の真言を念誦する内美女正体を現わして赤黒き大蛇となり、大師にとびかからんとした。大師動ずることなく尚真言を念誦する内、どこからともなく菩薩の宝剣《ほうけん》とび来って壇上にあり、思わずそれを右手にかざして立ち向えば、さすがの大蛇も恐れをなして逃げ、大師はそれを追うて遂に岩石の内に封じ込め、かくて満願した。その所が現在の大竜寺のある所と、寺の縁起には書かれている。

大師はひとまず壇をたたんで山を下り、路を南にとって更に進むうち、遂に土佐の室戸《むろと》岬に出た。この所は太平洋に突出た岬で、巌石そそり立ち、荒波打寄せてはくだけ、松風颯々と吹きならす誠に雄大荘厳な勝地であり、海に向って自然の巌窟が二つもあり今日尚そのまま保存されている。一つを神明窟《しんめいくつ》といい、一つを御厨戸《みくろど》というのであるが、大師は恐らく神明窟の中に海に向って壇を構えて求聞持行を開白し、隣りの御厨戸は恐らく仮りの寝起の場とされたものであろうか。

法性の室戸《むろと》（無漏土）ときけど我れ住めば
　有為《うい》の波風よせぬ日ぞなき

これは大師のこの時の心境を詠ぜられた歌であるが、そのように満願に近づくに及んで、打寄せる荒波の上に夜な〱黒雲立ちこめて、何か悪竜の如きがこちらに向ってとびかからんとし、大師これに屈せず、菩薩の真言を念誦する内、暁けの明星一きわかがやいて大師の口中にとび込んだとの霊験を得、心気頓みに晴朗、思わず唾を吐《は》けばその唾光りを放って海中におち、さすがの悪竜も黒雲と共に消えて満願したと伝えられている。

大竜ヶ嶽といい、室戸岬といい満願に近づくにつれて障碍が起こるのは、実は大師の心中にひそむ煩悩の滓《おり》が、行の進むにつれて意識の表面に浮び出て来て消えて行く一つの現象で、かくて大師の心が正に虚空蔵なる大宇宙生命と一つに融合し、それこそ不滅の実在にして我れの本体であると共に、生きとし生けるものの生命の土台であるとの体験と確信が定まって来たのである。

この時の事を大師はその『御遺告』の中に左の如く述べられている。

「名山絶巘《めいざんぜっけん》之処、嵯峨《さが》孤岸《こがん》之原《はら》、遠然《えんねん》として独《ひと》り向い、掩留《おんる》して苦行《くぎょう》す。或いは阿波の大竜ヶ嶽に登りて修行し、或いは土佐の室生《むろお》門《もん》ノ岬に於いて寂暫《じゃくざん》す。心《こころ》に観ずるに明星《みょうじょう》口に入り、虚空蔵の光明照らし来って、菩薩の威を顕はし、仏法の無二を現ず。その苦節たるや厳冬《げんとう》の深雪には藤衣を被って精進《しょうじん》の道を顕はし、炎夏《えんか》の極熱《ごくねつ》には穀漿《こくしょう》を断絶《だんぜつ》して朝暮《ちょうぼ》に懺悔《さんげ》すること二十の年に及べり」

大師は更に路を北にとって伊予路に入り、石槌山に登っておられる。『三教指帰』には「或いは石峯に跨って糧《かて》を断って軒軻《かんか》たり」と述べ、その石峯の下に「伊志都地能太気《いしつちのたけ》」と註しておられる事からも分かるのである。果してこの処で求聞持の修行をされたかどうかは分からぬが、そこを下って内海を渡り山陽道に出た。更に東海道に出で伊豆の桂谷山寺《かつらだにさんじ》でも三度求聞持行を開白し結願しておられる。桂谷山寺とは今の修禅寺で、今も尚この寺の裏や前には桂の木が茂っている。

求聞寺行を終えて尚暫らくこの寺に滞留する間に、勤操大徳より発せられた使者に会い、得度剃髪の時が来たから早く帰るようにとの事、一ヵ年半に亘る修行の旅の杖を返して師の許に帰り、二十歳の秋槇尾山寺に於いて勤操に随って得度《とくど》剃髪《ていはつ》し、その時名を教海《きょうかい》と名のったが、後間もなく如《にょ》空《くう》と改め、二十二歳で東大寺で比丘の大戒を受け、国家の公験にも合格して公認の僧となった時又名を空海と号した。恐らく幾度かの求聞持行の体験から、虚空の如くにすべてを容れ大海のようにすべてを育《はぐ》くんでやまぬ衆生愛のわいて来る覚《さとり》の根源即ち神秘の大実在をそのまま空海なる名とされたのであろうか。

この間に於いて大師は当時我国に伝わっていた法相宗、三論宗、華厳宗等の奈良仏教の経典や論《ろん》疏《しょ》に何辺か目を通し、又伝教大師に依って伝えられた比叡山の天台法華宗にも意を注ぎ、何が仏教の真実なるかを探求した。

大師はすでに幾度かの求聞持法の修行に依りて、大宇宙の神秘実在たる仏の生命に直下に触れその霊光を身証《しんしょう》し体解《たいげ》しておられた。その境地より翻《ひるがえ》ってこれら南都《なんと》北嶺《ほくれい》の仏教を見る時、徒らに空有の論理に耽り、その形式をもてあそぶ所謂学解《がくげ》仏教にしか過ぎなかった。恰かも靴の上から肌を掻くようで、何か真髄に迫《せま》っておらぬもどかしさがあった。

かくて大師は大仏殿に相当の期間籠《こも》って仏に向い誓願を立てて祈りを凝《こ》らした。仏の覚りの真実義をそのままにして説き明した二つとない不二真実の経典が未だ他に有るに違いない、それはどこに在るのか、又その内容はどのようなものかを、参籠して祈られた。

「我れ常に仏法に随って要を尋《たず》ね求めるに三乗五乗十二部経。神心に疑いあり、未だ以って決を作さず、唯願《ただねが》はくは三世十方の諸仏菩薩　我れに不二を示し給へ」――『御遺言』

然るにその満願の日に、夢に「汝の求めるものは大毘盧遮那《びるしゃな》経なり云々」との告げを得たのである。毘盧遮那とは梵語で、日《にち》と訳し、即ち『大日経』の事であった。そこでその『大日経』を探し求める内、大和の久米寺の東塔の心柱にそれが納められてあることを知り、その寺を訪ねて塔に入り、この経文の中にこそ自分の求めてやまぬ不二真実の教えが説かれていると、おどる胸をおさえてその一部を抜《ひら》き見るのに、さすがの大師にも歯が立たなかったのである。何故かと言うにその経の中には梵語《ぼんご》がそのまま至る所に出ており、密教独特の秘密語《ひみつご》など沢山出て来てどうにも会通《えつう》が出来ず、当時の我が国にはそれを解き教えてくれる程の人師も無くて、全く塀の前に立ちふさがったが如くであった。

かくて大師は、この内容を深く会得し身の上にこなすためには、どうしても中国大唐に渡って、誰れかその道の名師に就かねばならぬと決意されたのである。

ところが中国唐に渡ると言う事はその当時ではいのちがけの難事であった。大師が実際に海を超えて唐に渡ったのは、ずっと後の延暦二十三年の春、お年三十一歳の時であった。従ってその間約八カ年余りはどのようにしておられたか文献や記録の上では判然分からない、併し恐らくは唐に渡るための周到な準備に費しておられたものであろう。

第一に彼の地での語学の習得であった。唐に入りてまずその言葉が分からず会話が出来なくては受法に事を欠く、恐らくは彼の地より我が国に来朝し帰化せる僧侶や官人等も何人かはいたので、恐らくはそれらの人師に就いて言語を習得されたものであろう。大師入唐の際は終始通訳を連れず、唐に滞留する事僅か二カ年位で、真言密教をはじめ高度の文化を広く身につけて帰れたのは、語学に通じ誰人とも自由に会話が出来、文通が出来たからでは無かろうか。殊に大師の漢文は、唐人でも舌を巻くほどであった。

第二に、彼の地での仏教状勢――殊には大師の求める真言密教の中心地や又その人師は誰なるかをも予め調べておかねばならぬ、何しろ我が日本国とは比較にならぬほどの広大な国土であり、又その文化の分布状態なども周到に調査しておかねばならぬ。大師が入唐するや、その着岸された所は、遙か南方の福州の地なるも、直ちに西北の奥地である長安をめざして行かれた。密教の中心地がそこにあったことを予め知っておられたからではなかろうか。

第三には留学費の調達である。大師は始め二十カ年を期して滞留の予定でおられた。勿論朝廷よりの給付はあっても、それだけでは足るはずがない。その準備のためにも相当の苦労を重ねられたものと思うのである。

これら入唐の準備を着々と調えている内に、待ちに待った朝廷よりの許可が下ったのが延暦二十三年大師三十一歳の春、勇躍して入唐求法の壮途に就かれたのである。

2　入唐より帰朝開宗まで

大師の入唐は、勿論自ら船を仕立てでなく、遣唐使《けんとうし》の船に便乗されたのである。当時我が国から中国唐の高度な文化を取り入れるために毎年遣唐使の船が彼の地に向って発せられた。その頃の遣唐使は四隻で一船団を組み、大師はその第一船遣唐使大使藤原賀能大夫の船に乗りこまれた。六月一日灘波《なにわ》(大阪)を出船して、九州肥前で暫らく風待ちをし、七月六日いよいよ田ノ浦を船出した。しかるにその翌日の夜中より暴風雨となり、四船何れも離れ離れとなって波間を浮き沈みしつつ漂よい、大師の乗った船は帆破れ舵《かじ》折れて、ただ風波に任せて海上を漂うこと三十四日間して、遙か南方の福州の海岸に漂着したのである。始めは海賊船と疑われて仲々上陸は許されず、遣唐大使が屢《しば》々上書しても取上げてくれず、遂に大使に代わって大師が名文章で情理を尽してその心状を訴えられたので、忽ち疑い晴れて上陸を許され、その上待遇も一変して、遙かの奥地である西安(長安)の中央政府に取次いでくれた。折返し長安より国賓として大切に扱うよう使令あり、それより五十日余りして十一月三日に福州を出発し、日に夜をついで、一路長安の都をめざして進み、入京したのはその年の暮れも迫った十二月二十日すぎであった。我が国を出発してより約五カ月もかかったのである。

長安入京後の大師は、大使の一行と別れて西明寺に住した。西明寺は日本からの留学僧達の宿泊する寺であった。大師はそこに滞留して遍ねく長安の都の内外を視察しつつ、殊に真言密教の寺を探す内、東南の郊外の丘の上に建てる青竜寺がその中心であり、そこに住む恵果《けいか》阿闍梨がその道の大導師であるばかりでなく、大唐天子の灌頂の国師で、その真言密教が又歴代朝廷の帰依する宗教であることも分かったのである。そのような高位高徳な法将《ほうしょう》に、異国の一沙門《しゃもん》である大師がお目にかかることは容易でなかったのであるが、幸い西明寺に住む志明と談勝という二人の法師が、かねて恵果和上とはお知り合いであったので、その紹介もあって、和上は誠に快く大師に会って下さったのである。

和上は一目大師を見て微笑をたたえつつ、

「我れ先より汝の来るを知り相待つこと久し、今日相見る太《はな》はだよし、太《はな》はだよし」

と仰せられ、続いて

「自分の此の世での報命まさに尽きんとするに、法を伝えるべき人がない、速かに香花を弁じて灌頂壇に入るべし」

と仰せられた。この訪問の日は判然せぬが前後から考えて恐らく五月の中旬頃かと思われる。

恵果和上は、真言密教の第七番目の祖師であった。始め密教は印度に興り、その第一祖が竜猛《りゅうみょう》菩薩、それを竜智《りゅうち》に伝え、竜智は金剛智《こんごうち》と善無畏《ぜんむい》に伝え、この両師は、一人(善無畏)は陸路より、一人(金剛智)は海路よりそれを中国に伝えた。そして金剛智は同じく印度より一緒に来唐せる弟子の不《ふ》空《くう》に、善無畏は又中国人の一行《いちぎょう》に伝えた。その両方を恵果和上が受け伝えて今その第七祖となっているのである。

このような真言密教を受け継ぐのには、まず灌頂壇《かんじょうだん》に入らねばならぬ、密教は読んで字の如く神秘の宗教で、人間の分別や常識では伺えないが、併し厳として実在する奥深い生命の内景を説く教えで、厳粛にして荘厳なる法儀に入る事によって、魂の底からその内容を受得する事が出来る。従ってまず灌頂壇に入ることが、それの学修の前提であったのだ。

そこで恵果和上は一目見て、大師が真言密教を受け継ぐべき非凡な大器であることを知り、自分の寿命のある間に真言密教のすべてを早く伝えておかねばならぬと思われたのであった。和上の教言に従って、大師は六月にまず胎蔵界《たいぞうかい》の灌頂壇に入り、それより『大日経』を初め胎蔵部に関する一切の教理やその実修体験の道を説いた儀軌《ぎき》を、更に七月には金剛界の灌頂を受け、『金剛頂経』に関する教理や一切の儀軌を、更に八月には阿闍梨《あじゃりい》位の灌頂壇に入って、両部の奥底を余す所なく受け、かくて真言密教の法統を継いで第八の祖師となったのである。

『御遺告《ごゆいごう》』には
「五智の灌頂に沐し、胎蔵金剛両部の秘密法を学び、及び毘盧遮那《びるしゃな》金剛頂経等二百余巻を読む、及び諸の新訳《やく》の経論、唐梵合存せり」
とあり、即ち胎金両部の教理儀軌、更に梵語経論のすべてを伝受し、その密教の法統をも受け継いだのだ。かつて「弾問《たんもん》するに人無し」と歎いた『大日経』の内容も、今やもつれた糸をほどく如く釈然と解けて、根底から会得出来たのである。この消息を大師は左の文章で述べておられる。
「弟子空海、性薫《しょうくん》我れを勧《すす》めて還源《げんげん》を思いとなす。径路《けいろ》未だ知らず、岐に臨みて幾度か泣く。精誠《しょうじょう》感ありて此の秘文を得たり。文に臨んで心昏《こころくら》ふして赤県（中国唐のこと）に尋ねんことを願う、人の願《ねがい》天順《したが》って大唐に入ることを得たり。偶々導師に遇い奉って両部曼荼羅《まんだら》を圖得し、兼ねて諸尊の真言印契《いんげい》等を学ぶことを得」――『性霊集』
恵果和上は、真言密教の一切を、大師という非凡な器の人師に授け畢り、その法統までを、一器の水を一器にうつすが如く余す所なく伝え終って安心されたのと、その授法の疲労も加わりてか、その年の末より病いにかかり、十二月十五日、六十歳で永眠された。その時大師を枕辺に呼んで、
「今此の土の縁尽きぬ、久しく住すること能はず、宜《よう》しくこの大曼荼羅三蔵転付の物等を持って郷国日本に帰り、海内に流布《るふ》すべし。わづかに汝の来れるを見て命の足らざることを恐れぬ、今や

即ち授法の在るあり、経像功畢《おわ》りぬ。早く郷国に帰りて以って国家に奉り蒼生《そうせい》の福を増せよ、此れ則ち仏恩に報《むく》い師徳に酬ゆるなり、義明供奉は此処にて伝えん、汝はそれ往《ゆ》いてこれを東国に伝えよ、努めよや、努めよや」――『御遺告』

と懇《こん》々と遺命されたのである。

大師は始めは二十カ年を期して入唐されたのであるが、恵果和上に遇うて真言密教の一切を受け畢《おわ》り、又和上の重ねての遺命もあって、和上亡き後長く唐に滞在する必要もないので、間もなく長安の都を辞して途中越州の順暁阿闍梨(恵果和上の法弟)の寺に暫らく滞留して、唐の高度の文化を身に修得すると共に、これら密教の法財や一般文化の豊富な資糧なども集禄し、これらを持って帰朝したのが、平城帝の大同元年の秋十月、大師三十三歳の時であった。

直ちには入京せずに、暫らく筑紫にとどまって、その集禄した法財の資糧を目録として、同船して帰った遣唐大使の高階真人《たかしなまひと》大夫の上京に托して朝廷に上奏したのが、所謂『御請来目録《ごしょうらいもくろく》』である。「新請来の経等の目録を上つるの表」として大師自身の真筆に成るものが、今日尚槇尾山寺に所蔵されている。これには初め二十カ年の留学を期したのに、二カ年余りで帰朝した欠期の罪を詫びると共に、新請来の真言密教の教理や行果及び、それは仏教諸宗の中の最高のものである事を説き、その法財――即ち経典や論疏、曼荼羅や密具の数々等の目録である所のこの『御請米目録』を上奏したまま、筑紫の観世音寺に滞留する内その翌年秋、朝廷より上洛するよう指令《しれい》あり、かくてこれら一切の法財を携えて京に上り、天皇に拝謁して、密教弘通の勅許を得るや、この年の十一月八日、宿縁の大和の久米寺に於いて『大日経』の講義を開き、かくて真言密教開宗の第一声を挙げられたのである。その後は勅命に依って暫らく槇尾山寺におる内、嵯峨帝即位して世代は弘仁となるや、京都郊外の高雄山寺に移ったのである。

その頃に同じく比叡山を開いて延暦寺を建てた伝教大師が、天台止観門《てんだいしかんもん》と真言遮那門《しんごんしやなもん》の二門を、山上におく構想であったが、真言門に就いては正統な伝授を受けてはおらず未熟であったので、大師をわざわざ高雄山寺に訪ねて密教の受法を願い、まず灌頂壇に入ることを懇請された。そこで大師は、伝教大師の懇《ねんご》ろな請いを容れて、弘仁三年十一月十五日にまず金剛界、続いて十二月十四日には胎蔵界の灌頂壇を開き、伝教大師やその他何人かに入壇せしめた。十二月十四日の胎蔵界の灌頂の時は、引続いて大僧（大戒を受けた僧）や、沙弥《しゃみ》（十戒を受けた僧）や、近士《ごんじ》（五戒を受けた信徒）や、童子など入れて百五十人に余った。勿論これら近士等には結縁灌頂であった。この時の灌頂の「受者歴名簿」は大師の真筆にして、今も尚、高雄山寺に国宝として保存されているのである。

この伝教大師等の灌頂のことがあって以来、伝教大師の弟子等を始め、奈良諸大寺の学徒など続々大師の膝下で真言密教を学修せんがために集まり来り、又在家信徒などの参詣も多くなるにつれ、俄然高雄山寺が真言密教の中心となり、教団が形成されるようになって来たので、勢い教団確立のための紀綱を制定する必要にせまられた。そこで大師は高雄山寺に、まず三綱《さんごう》制を布いたのである。三綱とは大寺を運営するための制度で、上座、寺主、維那《ゆいな》の三役を置くのであるが、上座は寺全体を管理する役、寺主は専ら寺の経理、維那は寺内の大衆を指導する。上座には弟子の内の長老である杲隣《ごうりん》を、寺主には実恵を、維那には智泉を任じ、その外に特別に直歳《じきさい》を置いて義恵《ぎけい》を任じた。大師は「義恵法師は久しく此の院に住し、粗々《ほぼ》縁業を知る」と仰せられ、古くより寺内に居って諸般の勝手をよく知るからと述べられている。

かくて適材適所に夫々の人師を配して円滑な寺内の運営を期せられたのである。

そしてその翌年即ち弘仁四年春に、所謂「弘仁の御遺誡《ごゆいかい》」の発表をされ、これらの諸弟子達に、真言密教徒として在るべき根本の信条を示されたのである。一応御遺誡とはいえ、実は密教教団衆徒の永く遵守すべき信条で、寧ろ御訓誡ともいうべきものである。

その御訓誡を書き出される前に、その動機をまず初めに書き示されている。即ち

「真言家末葉《けまつよう》の弟子等、宿業《しゅくごう》の故に甚だ以て愚迷なり、須《すべ》からく文に就いて、用意すべし。仍って此の文を以って常に坐右に置いて心驚《しんきょう》の縁と為せ」

これは現代に於ける我等末徒にも示されたお言葉として深く肝に銘じ、反省させられる。即ち現

世代の我等は、前々からの宿業のため——知らず知らずの間に積み重ねて来た心の曇りの習性のため、いつしか仏心を見失い、世俗の虚栄にあくせくしている場合が多い。誠に愚迷の至りである。須からくこの教誡の文意に照らして、仏心を自らの内に驚覚する縁と成せよ……と前置きして、さてその教誡とは何であるかと書き出しておられる。

「夫れ出家修道《しゅっけしゅどう》は本仏果《もとぶっか》を期《ご》す、更に輪王梵釈《りんのうぼんしゃく》の家を求めず、豈《あ》に況んや人間少々の果報をや」

我々密教徒たるもの、大師の弟子たるものは、本来は仏果、即ち菩提、いいかえれば仏の真実生命を求め、その体現と、それに基づける衆生の済度とのそれ以外に何ものもない。さらに帝王の如き権力も貴族の如き栄華も求める処ではない。況んや自分一人の名を売り出すとか、権勢をのばすとか、衣食住の安逸だけに満足して足れりとするような誠に小さな根性であってはならぬ。我ら末徒はこの辺の消息をよく内省せねばならぬ。身に僧衣を纏《まと》っておりながら、仏果の真実を忘れて、いつしか世俗の名聞や利養にあくせくしておりはせぬか、慚愧《ざんぎ》に堪えない。

大師は続いて、

「遠くへ行かんとするには足でなくて行けぬ如く、此の仏果菩提を体現するためには戒《かい》に依らざれば出来ぬ。戒には顕教で説く戒、密教の戒などあり、顕教では、三帰戒、五戒、八戒、などに重きをなし、密教では三摩耶戒《さんまやかい》とも菩提心戒とも云う。かくの如きの顕密の諸戒は結局十善戒に極まる。

十善とは身口意の三つに亘って説かれたる十種の清浄で、それを一つに統《す》ぶれば一心に極まる。一心とは是れ仏心であり菩提心であると共に、我が心でもあり、そのまま一切衆生の心でもある。その心の本質は即ち宇宙大生命であることを体得することが、あらゆる戒法の根本である」

と説き

「若し此の戒法に背くものは仏弟子でもなく我が弟子でもない」

と堅く戒めている。更に

「具足戒を受けたる大僧も、十戒だけの沙弥《しゃみ》（小僧）も、五戒だけの信徒等も、更に此れらに成るための童子も、上下悉く此の菩提心戒を奉行して、本尊の三摩地（本願）に住し、小さな自分に眼のくらんだ妄執を超えて、覚りを証し、自分の向上と共に他の衆生を利する所謂二利の行を行じて、四恩（父母生育の恩、為政者統治の恩、社会衆生の恩、三宝教導の恩）の広徳に酬いよ、此れに背くものは此の教団より去《い》に去れ、住《とど》まること勿れ」

と、厳しく誡めておられるのである。

かくて高雄山寺は、期せずして大師の許に僧俗の二衆相集まり、新しい教団が形成せられて来るにつれ、三綱四役の制度が確立されて、直言密教の旗幟《きし》愈々、鮮明となり、大師を中心として和気靄々《あいあい》の内に、精気発溂として学行共に備わり、内には大衆各々の自利向上と共に、外へは利他教化の活動も活発となって来たのである。

3　密教弘通と高野山の開創

大師が高雄山寺に灌頂壇《かんじょう》を開き、伝教大師を初め奈良の各宗諸大寺の学僧等や、その他在家信徒の方々も、夫々受明や結縁の灌頂に入坦するものもありて、真言密教の教風漸く世人の注目を集め、俄然高雄山寺に大師を中心として新しい密教の教団が形成されるようになるにつれて、その教理の内容にも亦僧俗一般より関心が向けられて来た。

真言密教は、絶対無限にして生滅を超えて生き通しの大宇宙生命を大日如来なる仏身と仰ぎ、あらゆる如来や菩薩や明王や天神等も皆悉く大日如来の姿形を変えての正真慈悲《しょうしんじひ》の尊像であり、又生きとし生けるものみなも、大日如来の大生命より縁に任せて皆この世に生まれ、皆如来の仏性を具《そな》えて、夫々にその内容を開き表わして行くための機能を具えている。即ち意命《いみょう》と、それを表現するための肉身と音声を具えて、これを「身語意三密の金剛」というのである。独り人間や動物だけでない、植物も鉱物もまた然り。例えば一茎の菊にしても、ダリヤでもコスモスでもない菊としての意命を持ち、それなりの香りを放ち、そのための花を咲かせている、これ菊の身語意の三密である。

もし人あって、この理を深く自覚し、自からの手に身密としての仏の印を結び、口に仏心のほとばしりである真言を誦じ、意《こころ》その三昧に住すれば、直ちにその機能の上に仏の三密を顕現する。これを即身成仏というのである。南都（奈良）や北嶺（比叡山）の諸宗の教えと共に、真言密教のこのような教旨もまた、おのずからその間に在って唱道されて来たのである。

真言密教で説く即身成仏――即ちこの肉身をそのままで仏に成るという教えに就いて、奈良仏教の徒は疑いをもち、当然非難の矢を向けて来た。従来これらの仏教では、遠劫作仏《おんごうさぶつ》――三劫成仏《さんごうじょうぶつ》として、生まれ変わり死に変わりして長い間修行を続け、一歩一歩とその功徳を積み上げ、煩悩罪業の結晶である肉身を、漸次に功徳身に変えて始めて成仏すると説いたのである。

仏教が澎湃《ほうはい》として我国に渡来し、小乗大乗の諸宗派が奈良を中心として栄えた。然るに平安期に入るにつれて桓武天皇の延暦二十一年（八〇二）正月八日より十四日までの七日間、毎年これらの諸宗派の学僧達を宮中に招いて、国家安泰のための最勝会《さいしょうえ》が行われた。即ち『金光明最勝王経』や『仁王護国般若経』を、これら南都の諸宗――即ち倶舎《くしゃ》、成実《じょうじつ》、律《りつ》、法相《ほっそう》、三論《さんろん》、華厳《けごん》の六宗の大徳方が読誦講讃《どくじゅこうさん》して、それを以って祈願法会《きがんほうえ》を営み、その後で互いに信奉する宗旨の教義を論議して互いに磨き合う事がなされた。然るに延暦二十四年、伝教大師に依って比叡山に天台宗開かれてよりその一宗が加わり、更に弘仁の始めに、大師に依って真言宗が打立てられてからそれに加わり、八宗となったのである。

弘仁四年（八一三）の正月に最勝会がすんだ後で、清涼殿に於いて、計らずも南都北嶺の七宗より、大師の提唱された即身成仏の教風に対し、批難疑義の質問がなされたのである。とかく議論を戦わすことを好み給わぬ大師ではあったが、内に深き学殖と信念を湛《たた》え、心に慈悲を浮べて、この時ばかりは淳々と説き示し、

「此れ空海の憶説ではなく、すでに経論の中に仏祖古徳の説き給ふ所」

としてその証文を挙げ、

「三世に常住し給ら宇宙大霊の大日法身こそ、神秘の大実在にして万生の根源をなすもの。我がこの肉身も亦それより生起せるものにして、その内容たる仏性を此の世に顕わして行く巧妙な機能であり、それは身語意の三つを通して顕示される。此れを『三密の金剛』という。然るに我らはその理を知らず、肉身の中にのみ自我の主体ありと妄信して、その機能の末端の悦楽にのみ心溺れて、折角の天賦の性能を穢《けが》し、かけがえのない身器を台なしにしてしまって、自分も苦しみ他をも煩まし、現世に地獄の様相を呈する。若し一度此の法然の理に目醒め、大日如来の生命の内よりこの世に肉身を具えて生まれたる仏のみ子であることを知って、その仏心のしるしたる印を両手の上に契《むす》び、口にその仏心の流露たる真言を唱え、心その三昧に住する時、直ちにこの肉

身の上に法身の霊光かがやいて即身に成仏するのである
と説き来り、

「その実證せる人師は此の世に在りや」

の質疑に対しては、言下に、

「大聖釈尊を始め、真言密教の祖師達は皆その人である」

と応答したのである。

各宗の大徳も、この大師の淳々たる経証や教理に対して異論をさしはさむものなく、一応帰服したかに見えたが、尚中にはその実證をこの目の前で見たいという者もあった。嵯峨天皇はその一座の雰囲気からそれを察せられて、

「空海大徳の教説誠に道理に契《かな》う所あり、併し今此の場に於いて即身成仏の三昧に住する相を示されよ」

とのことであった。

そこで大師は徐《おもむ》ろに南面して結跏趺坐《けっかふざ》し、幾つかの秘密の印明を結誦されて、大日如来の智《ち》拳印《けんいん》を結び、暫しその真言を誦《とな》え給う内、大師の身辺《しんぺん》より霊光かがやき、一種いうにいわれぬ端厳《たんごん》の妙相現ぜられた。嵯峨天皇は思わず玉座を下って礼拝し、列座の大徳や諸の官人等しく低頭して礼拝

した。それ以来真言密教に盾《たて》つくものもなく、即身成仏に異議を申し立てるものもなく、その教風、草の風に靡くが如く、四方に弘まったのである。

この清涼殿に於ける宗論のことは、大師の伝記に於いては最もクライマックスの状景なのであるが、この時の大師の三昧に住するや、頭上に大日如来の五智の宝冠が現われ、結跏趺坐の脚下には蓮花座が現われたなど、ドラマチックに書き立ててあるものもあるが、それは全く後よりの附け足しであって、何もそのようなものが現出したわけではない。大師のその三昧に住された肉身の上に、何ともいえぬ気品具わり、恰かも仏の誓願がそのままに顕示されて、神秘な威容が有りのままに示されたので、それが思わず列座の大衆をして帰服せしめたのである。私は嘗《かつ》て若い頃、某師が護摩供を修せられ、その本尊段に於いてその三昧に住された時、ふと眼をあげて仰ぎ見た瞬間、恰かも生ける不動明王とはかくの如きものかと威厳に打たれたことがあり、爾来密教の瑜伽の行法が如何に深く神秘の大実在を体験することの秘法であるかをまのあたり知って、益々帰依し信修して今日に至っている。三密瑜伽の行法こそ即身成仏の唯一の道であると思うのである。

大師はこのようにして諸弟子を養成して真言教団を確立すると共に、他方では屢々、いいいい、わらじ、きゃはん、簑《みの》の笠《かさ》の旅姿で諸国を行脚《あんぎゃ》された。これひとえに衆生を愛し、庶民の煩み苦しめるを救わずんば止まずとの哀憐の至情に催されてであった。当時伝教大師は、南都東大寺の戒壇の、独りその権限を恣ままにせるを快よしとせず、それに対抗して比叡山上に大乗円頓戒壇を打立てんことを朝廷に上奏し、朝廷ではこれを、奈良東大寺の僧綱所に回して詮議せしめた。計らずも北嶺比叡山の伝教大師と、南都諸大寺との間に、法戦の応酬たけなわとなった。伝教大師は嘗て、大師に辞を低うして灌頂《かんじょう》を受け、爾来、大師より密教の経書を借覧して交遊ただならぬ仲にあるので、わが大師を自分の方へ味方にせんとの意向も見え、奈良諸大寺の方では、大師は三論宗大安寺の宗徒であることよりしてわが方へ迎えようとする気配あり、大師はこれら北嶺南都の争いに巻きこまれる事を好み給わず、それよりは親しく庶民に接して、物心両面に互る煩み苦しみを救わずんば止まずとの愛憐の情に催され、屢々諸国行脚《あんぎゃ》に出られたのである。

四国八十八ヵ所霊場の如きは、中には阿波大竜寺や土佐室戸《むろと》の最御崎寺《ほつみさきじ》の如き、青年求道の時に、求聞持法を修行された跡などもあるが、そのような例外はあっても、殆んど大半は、大師四十二歳の頃に巡錫されて、衆生の苦難を親しく救われた跡が多いのである。尚大師は後になってではあるが関東下野の日光山へも前後三回も出向いておられる。その時脚をのばして出羽三山をめぐっておられ、その一つ湯殿山の如きは、大師の開かれた所として伝えられている。その際北陸路を経て都へ帰っておられる。

生誕の地である讃岐路や四国路の如きは何回もめぐられ、九洲路は中国唐への往き帰りにめぐられ、東は東北関東に至るまで、足跡を印せざるはない。悉く親しく庶民に接してその苦難を救わんとの止むに止まれぬ愛念に催されての外何ものもないのである。従って大師の往く所、誠に順風に帆を上ぐる如く、法敵となくて、却って味方となって大師に帰服し、温容玉の如く、春風駘蕩《たいとう》たるものがあった。今も尚、大師の遺跡として全国至る所にその跡が残り、今に至るも庶民信仰の的となっているのである。

大師が高野山を開かれる動機は、高野山の下賜《かし》を嵯峨天皇に請われた書状に明らかである。即ちその状の始めに、

「紀伊国伊都郡高野の峯に於いて自身入定之処を請うの状」

と書き出され、

「……伏して惟《おも》んみるに、我朝歴代の皇帝　心を仏法に留め給い、金刹銀台櫛《きんせつぎんたいくし》の如くに並び、法を説くの竜象寺毎に溢る、法の興隆ここに於いて足んぬ。ただ恨むらくは高山深嶺に四禅の客乏しく、幽藪窮巌《ゆうそうきゅうがん》に入定の賓《ひと》稀なり、今禅経の説に準ずれば、深山の平地尤も修禅に宜《よ》ろし……平原の幽地あり、名づけて高野と云う……」――『性霊集』

即ちその意味は「寺院は甍《いらか》を並べて建ち、教理を研究し法議を談論する僧侶は、堂舎に満ちているが、恨《うら》むらくは、山に籠《こも》り森に陰れて心を研ぎすまして大宇宙生命に融合し、仏性の真実を直下

に証するの行人は誠に乏しい。これでは仏の教えは弘まっても仏のいのちは枯れるであろう。仏の生きた恵命を永く後世に伝えんがためには、坐禅行法して心ゆくばかり仏のいのちに参入することを除いては得られない。そのような修行の場は、世の喧騒を離れた深山の平原が最もよいと経に説かれている。今高野の地が最もその適地と思う。もしこの地を賜わらば、上は国家の御為めに、下は修行者のために、修禅の一院を開いて、いささか小願を遂げん」といわれておられる。

本来真言密教は、神秘体験の宗教である。大宇宙に満てる神秘の大実在を深く身につけて行くことを立前とする宗教である。そのためには手に印を結び口に真言を誦じ、心三昧に入って、心を神秘世界に向って研ぎすます所の瑜伽の行法こそ必須であり、従って大師は特にこの修行の適地を早くから探しておられた。計らずも高野の地が目にとまったのである。

尤も大師は嘗て青年求道の頃、求聞持修行の旅の途中で、すでにこの地を通って、高山の平地で原始林の群がり立てる不思議な所として、心にとめて居られたのであるが、四十歳を超えてそのような適地を探す内、大師の弟子の円明の父の豊田丸が、高野の幽地を勧めて来たことから、嘗て青年求道の時に通ったことのあるを思い出され、まず弟子の信叡を遣わされ、再度、実恵と泰範を遣わし、三度目に自ら単身踏査された結果、聞きしに勝る適地として嵯峨天皇にその下賜を請われたのであった。

山麓より羊腸たる杣路《そまみち》を攀《よ》じ登ること凡そ半日余り――約二十四粁――で、高野の山の入口に出る。そこに立って奥を眺むれば広漠たる平地相続いてその奥を知らぬ。その盆地を取り巻いて十六の峯々起伏して連なり、恰かも八葉の蓮花の二重に畳なり連なる状を呈している。而かもぐるりの谷々より流れ出る水流大小併せて三十六に余り、合して一つの流れとなって平地を貫ぬき、有田川の源流をなす。原始の山林――中でも高野六木とて松、杉、檜《ひのき》、槇《まき》、栂《とが》、樅《もみ》など群生して昼猶暗く、白雲立ちこめて幽邃の気ただよう。大師はこの地こそ、密教修法相応の処と思い、改めて嵯峨天皇に下賜を請れたのが、弘仁七年（八一六）六月十九日、その翌月にはその認可を得た。

そこで大師は実恵と泰範を改めて高野山へ人夫や職人を引具して発向せしめ、そして平地の幅の最も広い所の小高い丘を、伽藍《がらん》造営の台地と定めて坦場と称し、そこにまず念誦堂と二十一間僧坊を取急ぎ建てしめた。漸く一カ年余りかかってその工事が成ったので、大師は、諸弟子を率いて高雄山寺より正式に高野山へ遷《うつ》り住んだのが、弘仁八年十月であった。

念誦堂は四間四面――尤も当時は柱と柱の間を一間というたので、ここには念持仏の如意輪観音像を祀り、大師や諸弟子の念誦修行の処、二十一間僧坊は二十一間の長屋で、東の二間《ふたま》は大師の居間に宛て、残りの数間は諸弟子が住居したと伝えられる。

かくして大師はこの山に住われて、徐ろに全山を観望し、諸弟子の密教修行の場としての伽藍造

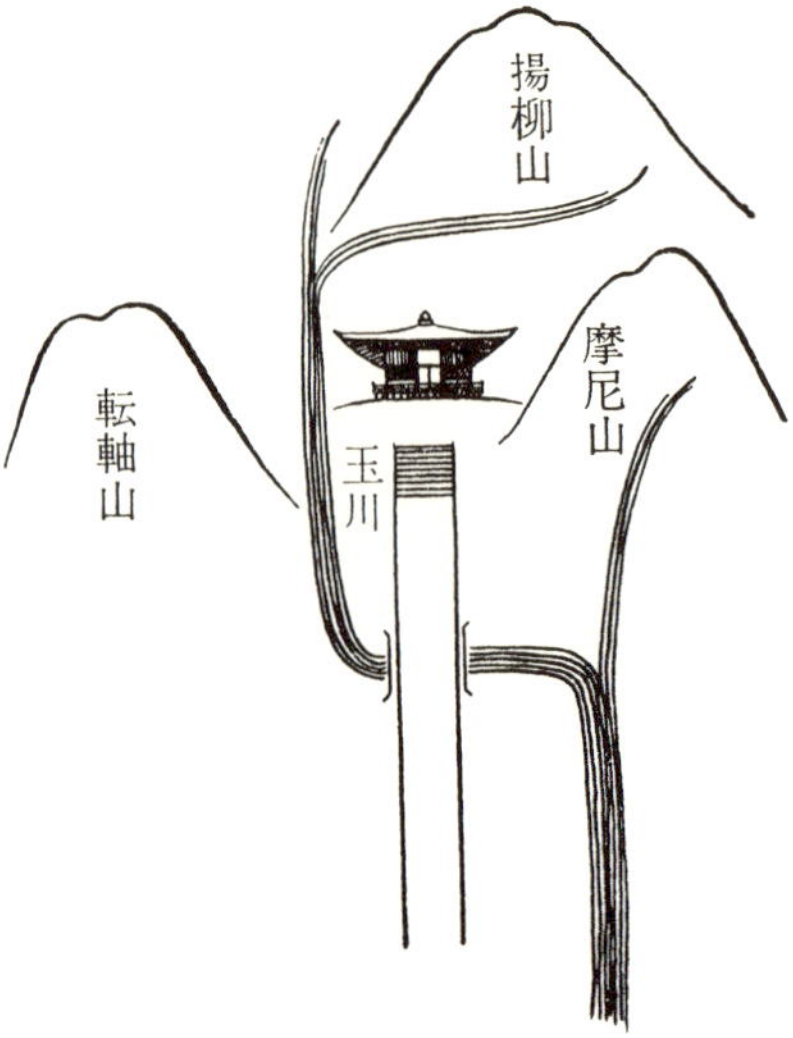

奥之院三山鼎立

営に着々と歩を進めて行かれたのである。

大師は諸弟子修行の場としての伽藍造営を進める傍ら、又自身入定の所を何処に置くかをも考えて行かれた。高野山の開創は、諸弟子の坐禅行法の修定の場を開くと共に、自身入定の所を定め置くことであって、その事をも含めて上奏しておられるのである。下賜を請う御文章に、「……入定の寘《ひと》稀なり云々」と嘆かれ、その入定《にゅうじょう》の意味は、諸弟子の修定《しゅうじょう》と共に、大師自身の入定をも意味する。定とは大宇宙生命に心を統一して止住しそれを相続することで、これを梵語では三昧《さんまい》とも三摩地《さんまじ》ともいい、それを積み重ねれば、やがては永くこの境界が続くこととなり、入定となるのである。

大師は真言密教の深遠な神秘大実在への体験が深まるにつれて、衆生愛念の熱情は一段と深くなると共に切実なものになって来た。心眼を開いて諦観すれば、三世に亘って輪廻し転生する衆生、十方に遍《あま》ねく因縁に任せて生まれて来る衆生も、悉く我れと同一体であり、我が身心の延長にすぎないとの覚《さと》りが深まって来て、これらの衆生の生きて行く上につきまとう苦しみ煩みも、皆悉く我が身心の苦悩と感ぜられ、一人をも洩らさずに救わずんば止《や》まずとの大慈大悲の想念が燃えて来ずにはおれなかった。併し人間の一生は長くても百歳の寿命を保つ者はない。しかるに衆生は限りなく生まれ変わり死に変わりしつつ生まれて来る、それらを悉く救わんがためには死ねない、死んで入滅してしまったのでは救いの仕事は止むであろう。そこで健やかな身体のまま法に依って禅定に入り、三昧に止住したまま息絶えても、その三昧は永恒に働き続けるであろう。大師は遂にそのように思念して、敢えて非凡なる入定の方途を選ばれたのであった。

その入定の場を何処に置くべきか、その定身をどこに留むべきかを探した結果、それは伽藍坦場の処より遙かに東北四粁は当る外八葉の、転軸《てんじく》山、揚柳《ようりゅう》山、摩尼《まに》山の三山恰《かな》いかも鼎の足《あし》の如く鼎立《ていりつ》せる中央の低い丘に定められた。この所は揚柳山と摩尼山の谷合いより清流わき出で、入定の丘の後を流れて、揚柳山と転軸山の谷合いより流れる一すじと合流して入定の丘の西を洗い、更に流れて玉川の清流となり、又摩尼山の裾を洗って流れる一条の清流は、入定の丘の東を流れて玉川に合流する。三山鼎立し三流にぐるりを洗われる中央の丘、この処を大師は入定の身を留める場所として予定されたようである。この地域は、奥之院と称して、杉や檜の大木茂り、ひとしを幽邃を極めた閑寂な浄処である。大師はこの場を金剛界曼荼羅に配し、伽藍壇場を胎蔵界曼荼羅に配して、高野山を以って内外二つの八葉の蓮花に包まれた両部不二の曼荼羅会上の構想の下に、開創の大事業を進めて行かれたのである。

かくて高野山は諸弟子が心ゆくばかり坐禅観法して宇宙生命である神秘の大実在に合一する修定の道場であると共に、自身の入定留身の大悲願を遂げる場でもあったのである。

4　入定と永恒への悲願

大師が自身入定《にゅうじょう》の事をお考えになったのは、四十歳を超えられた頃からではあるまいか。それは高野山の下賜《かし》を天皇に請願されたのが弘仁七年（八一六）、四十三歳の六月で、自身の入定と諸弟子の修定の場としてそれを上奏しておられる所の御文章からも伺われるのである。その翌月即ち——七月にはその認可を得て居られるのであるが、爾来《じらい》その開創に心血を注がれると共に、諸弟子の養成やら、いい、わらじ・きゃはん・簑《みの》・笠《かさ》で諸国を行脚《あんぎゃ》しての庶民救済の事など、席温まるいとまもなく、いつしか年月は流れて十五、六年の歳月を経てしまった。少なくとも大師がいよいよ入定の事におかかりになったと思われるのはお年五十九歳、淳和天皇の天長九年の八月からであった。この年の

八月二十二日に、高野山において万灯万花《まんどうまんげ》の法会を創始せんことを、朝廷に上奏された。その御文章に

「……是《ここ》に於いて空海、諸の金剛弟子等と共に金剛峯寺に於いて、聊《いさ》さか万灯《どう》万花《げ》の会《え》を設けて両部の曼荼羅、四種智印に奉献す　期する所は、毎年一度斯《こ》の事を設け奉って四恩に答え奉らん、虚空《こくう》尽き、衆生尽き、涅槃尽きなば我が願いも尽きなん……濫《らん》字（智火）の一炎乍《たちま》ちに法界を飄《ただよ》わして病いを除き、質多《しった》（悲心）の万花、笑《えみ》を含んで諸尊開眼《かいげん》せん云々」

とある。そして忽ちに朝廷の裁可を得て、九月二十四日にその法会を創《はじ》めておられるのである。

万灯は智慧の光明、万花は慈悲の福徳で、金剛界の曼荼羅には万灯を、胎蔵界曼荼羅には万花を法に依って供養し、その功徳をめぐらして、生きとし生けるものの上に、智と福を永恒にもたらしたいとの御誓願に出づるものである。それは虚空とて大宇宙も尽き、そこに住む衆生も居らなくなり、迷いも悟りも無くなるまで、我がこの願いは尽きないであろう――との永恒を期せられたのである。

　このような誓願を立て法会を行って五十日目の十一月十二日より、いよいよその誓願を遂げんがため入定の事におかかりになった。即ちこの日よりまず穀物を摂《と》ることを止めて木食《もくじき》生活に入り、専《もっぱ》ら高野山に籠《こも》って修観行法の生活に入られたのである。即ち『御遺告《ゆいごう》』には

「我れ去《い》んじ天長九年十一月十二日より深く穀味を断って専ら坐禅を好み味わう、此れ皆密法をして久住ならしめ、併せて後世来世の弟子門徒らの為なり……」

とあり、即ち入定のための前提として、まず体質改善を計り、血液の澄浄《ちょうじょう》と、精神の一層の透徹のための観行に入られたのである。

尤も大師はその前年、即ち天長八年（八三一）、お年五十八歳の五月に、突如として瘍《よう》の病いにかかられた。背部に思いがけなくも腫瘍が出て、そのために痛みもひどく熱も高くて、一時は遂にこの病気のために身体が壊《こわ》れてしまうのではないかと心配されたようである。この病いのために天皇に大僧都《だいそうず》の職責を辞任せんことを上表された御文章に

「沙門空海《くうかい》言《もう》す、空海恩沢に沐してより、力を竭《つ》くし国に報ずること歳月既に久し、常に願うらく、蚊虻《ぶんぼう》の力を奮って海岳の徳に答えんと。然るに今去月の盡日《じんじつ》より悪瘡体に起こって吉相現ぜず……夫れ許由《きょゆ》が小子猶万乗《ばんじょう》を脱す、況《いわ》んや沙門何んぞ三界を願わん。伏して乞う永く所職を解《と》いて常に無累《むるい》に遊ばん、但愁うらくは、幸いに輪王に逢い奉って所願を遂げざらんことを。伏して乞う、陛下終りに臨むの一言を顧りみて三密の法教を棄て給わざらんことを。生々陛下の法城と為り、世々陛下の法将と作らん。心神恍忽《こうこつ》として思慮陳《の》べず　云々

天長八年五月庚辰日　　大僧部空海上表」

というのである。

大師はかねて健やかな身心を以って入定せんことを期しておられたのに、思いがけなくもこのような腫瘍にかかり、痛みと熱のために心神朦朧《もうろう》として詳しく申上げられない、臨終の一言と思うてこのことを聞いていただきたい云々と、書状に書いておられる所を見ると、よほど心に憂慮されたことを伺うことが出来るのである。

然るに腫瘍《しゅよう》は、膿《うみ》が排出してしまうと、その後は間もなく恢復《かいふく》するものなのだ。これに就いては私にもその経験がある。たしか戦争苛烈《かれつ》の昭和十九年の秋であったかと思うが、私も身体の各所に悪質の腫物が出た。中でも右脚の上胫と、背部に出たのが最も大きかった。脚の場合は大きく腫れ上って踏み立てる事も歩く事も出来なかった。続いて背部に出たのはもう一つ大きくて、恰かも馬の目の如くであったという。妙に底痛みのする腫物が出て根ばっており、だんだん腫れ上って色が変わって来ても仲々口があかない。その内に腫れ上ったぐるりに針で突いたような小さな穴が列をなしてあき、水様のものが出る、併し仲々膿が出ない。その間何日も痛み且つ高熱が続いて実に苦しい。後にはその穴が一つにつながって大きな腫れの蓋《ふた》になり、やがてその蓋がとれると、恰かも馬の目の如く膿の大きな固まりがある。併し仲々それがとれないが、それがやがてすっぽりと排出されると大きな穴があくのであるが、そうすると肉が盛り上って快方に向って来るのである。

医者にいわすと、瘍《よう》だの疔《ちょう》だのは、体内から出るものではなく、ただ体質が酸性に偏《かた》よると、外より悪質の病菌に犯され、それが毛吼から入って瘍《よう》や疔《ちょう》と成る。体質がアルカリ性になれば自然に外からの病菌に犯されぬようになり、そのような病気にかからぬとの事であった。何しろ戦争苛烈の時で、毎日食事が藷ばかりの偏食であったからだ。とにかく医者の注意を受けて、私は食生活をきりかえ、成るべく海草とか野菜とかを沢山摂るように心がけたのでそれ以来、未だ今日までそのような病気にはかかってない。

それはともかくとして大師の場合、やはり食生活に何か、かたよりがあったのではなかろうか。そのために平生健康であられた大師の身体に思いかけなくも悪質な黴菌《ばいきん》が毛吼から入って悪瘡が起こったのではなかろうか。大師はそのためかねてよりの入定を心に期しておられたのに、この病気のためにそれを就げられなくなりはしないかと、大変憂慮されたことが伺われるのである。

大師は嘗《かつ》て在唐の間に漢方医薬の処方にも通じておられ、このような腫瘍は、体質改善がその治癒の第一と気づかれて、遂にその翌年九月十二日より穀物を摂ることを断ち、草根木皮や、木や草の芽や葉の青汁の如きや、水を摂るいわゆる木食生活に切りかえられ、心の上では一層の瑜珈《ゆが》行法に精魂を傾けて、入定の第一歩を踏み出されたのではないかと思うのである。

しかしこの天長八年五月に瘍を病まれた事から、一旦それが治癒しても再びこのような思いもか

けぬ病気が起っては入定の一大事も成らぬので、幾分入定の時期を早められたのではなかろうか。それは『御遺告』に

「……吾れ初めは思いき、一百歳に及ぶまで世に住して教法を護り奉らんと。然れども諸の弟子等に恃《たの》んで急いで永く即世せんと擬す云々」

と述べておられる事からも伺われる。

とにかくこの腫瘍の病気も、膿が排出してすっかり健康を恢復された大師は、その年の十月には摂津の甲山《かぶとやま》の愛弟子である如意尼の寺（今の神呪寺《かんのうじ》）に出向かれて、本尊の如意輪観世音菩薩の入仏落慶の法会に臨まれ、その翌年の天長九年八月には万灯万花の法会を諸弟子を率いて奉修され、十一月十二日より断穀、木食、籠山、修法の生活に入られた。それより約一年一ヵ月、即ち天長十年十二月まで、全く高野山外不出で、この生活を続けられ、身血の澄浄と禅定心の一層の透徹に専心されたのである。

しかるにこの年の十二月、嵯峨上皇より懇特なお招きがあり、一つには入定後のための諸種の案件の一応の始末をつけておかねばと思われて、禅定の座より起って高野山を下り、京都に赴いて中務省《つかさ》に滞在され、上皇に対面して諸種談合されたようである。

『御遺告』には

「……太上（嵯峨上皇）皇勅あり、請し下して中務《つかさ》に安宿せしめ供養を受くること月余、還って更に高雄に居す云々」

とあり、これより御入定までの約一年三ヵ月の間、大師はとても御健康で随分忙しく立ち働《はたら》いておられる。

試みに入定の前年、即ち承和元年（八三四）、六十一歳の正月よりの大師の動静を伺って見よう。

高野山を下山して京都に滞在された大師は、正月の八日より十四日までの七日間—これを後七日という——中務省内に真言密教の道場を構え、秘密の法壇を設けて、国家社会の安泰と万民の幸福和楽のため祈願をされた。これが所謂「後七日御修法《ごしちにちみしゅほう》」の始まりである。

二月十一日には奈良の唐招提寺の豊安《ぶあん》律師の懇請で、写経供養会の導師を勤められ、その後暫らく東大寺内の真言院におられて、奈良諸大寺の学徒のために『法華経』の講義を開き、その草稿の『法華経釈』を書いておられる。

三月末には勅命で比叡山に登りて西塔の落慶法会に臨み、その咒願師（副導師）を勤めておられる。四月上旬には高野山へ帰られ、五月二十八日には、諸弟子等のため御遺誡《ごゆいかい》を作って発表されている。先きに高雄山寺に入られて密教々団が結成されるやその教団の根本精神を確立するため書いて発表された『弘仁の御遺誡』——実は教団護持のための清規ともいうべき御訓誡の厳《きび》しさと比べ

て、今回の御遺誡は、入定後の諸弟子等の和合を説かれ
「長兄は寛仁を以って衆を調《とと》のえ、幼弟は恭順を以って道を問え」

と誡められ、さらに
「三時に上堂して本尊の三昧を観じ、五相入観して無上の悉地を証せよ、五濁の澆風《じょくぎょうふう》を変じて三学の雅訓《がくん》に勤め、四恩の広徳に酬《むく》いて三宝の妙道を興《おこ》せ、是れ我が願いなり云々」

と結ばれ、恰かも慈父が愛子を訓《おし》えるが如く淳々として尽きないものがある。

更に九月一日には、入定身を納める奥之院の廟処を点検しておられる。これは真済《しんぜい》記と伝うる大師伝にも「九月の初め自ら葬処を定む云々」とあり、恐らく真然や実恵を伴われての最後の指示や点検であろうか。

そして再び高野山を下って京都に出向かれ、九月十三日には東寺に於いて、最高弟である実恵《じつえ》と真雅《しんが》の二人に、両部不二《りょうぶふに》の秘印明を授けられ事相上の大事を遺訓《ゆいくん》しておられる。九月十五日には、高野山全山《ぜんざん》の詳細な図面を作り、四方の境界や高野山下賜の官符の写しなど一連の書類となして嵯峨上皇の手印と自からの手印をも捺し、後日の疑義なきよう計っておられる。これが『御手印縁起』として今も尚高野山に秘蔵されている。

それに次いで後七日御修法を、国家の毎年の恒例法会として永く執り行うよう上願しておられる。

これがすむと再び高野山へ戻って、十一月十五日に諸弟子を膝下に集めて第一回の御遺告を発表され、これには自身の入定は、翌年三月二十一日寅の刻と、その日や刻限まで予告発表し、高野山の後は真然に、東寺の後は実恵に、奈良東大寺の真言院は真済に、等と後の事を諸大弟子に付嘱されている。

十二月には三度高野山を下って京都に出向かれ、嵯峨《さが》上皇に左の三つの問題の認下を請願しておられる。

一、東寺に三綱制度を置くこと

二、後七日御修法を永く国家の恒例法会として執り行うこと

三、三業度人制を設け、密法をして永く後世に相続せしめんこと

（三業度人制とは、真言密教を学修する僧侶をして、大日経業、金剛頂業、声明業（梵字悉曇等）その内容を三部に分けて、毎年三人づつ分担して学修せしめ、宗内の学行を永く相続せしむるための制度）

特に入定の時期が迫るにつれ、これらの案件の制定を大師は急がれたのであるが、㈠は十二月二十四日、㈡は十二月九日、㈢は翌承和二年一月八日に認可された。

大師はそのまま京都に滞留して最後の正月を東寺に於いて迎えられ、承和二年正月八日より十四

日までの後七日御修法を、自ら大阿闍梨《だいあじやり》として諸弟子を引具して勤修された。皇室に保存されている『御修法阿闍梨名帖《みしゆほうあじやりめいちよう》』には

「承和二年、長者空海大僧都、正月八日より宮中真言院に於いて此れを始行する。重ねて宣下すらく、勘解由司《かげゆし》庁を止めて内道場真言院と称す云々」

と記してある。

大師はこれらの案件が、一応解決を見たので安心されたものか、いよいよ入定のために、天皇や上皇に最後の別れを言上《ごんじよう》し、東寺は宮内庁に、高雄山寺は和気《わけ》氏等に後事を頼み、恐らく一月末か二月初めに高野へ帰山された。とにかく入定の前年、六十一歳は随分忙しく、高野山と京都との間を三返も往復され、常人も及ばぬ位忙しく立ち働らかれているのである。病気でヨボついておられた跡などは全く見られないのである。

大師は高野山への帰途、山麓の金剛峯寺政所《まんどころ》——今の九度山慈尊院——に居られた母公の玉依御前の最後を看《み》とられたものと思われる。母公はこの年の二月五日に八十三歳の高齢で亡くなっておられる。母公は殊の外、我が子の大師を慕われ、八十歳の時に大師の許へ身を寄せられた。大師はこれを山麓の政所《まんどころ》に迎えて安住の処とされた。この所は先きに母公の肉弟である阿力大足《あとのおおたり》の退官後を政所守《まんどころのかみ》として迎え、高野山開創やその運営の事に当らせた。そして大足の後は子の元忠がそれを

継いでいた。そこは高野山上とは異なり紀ノ川の沿岸に在って、交通の便もよく、気候も温暖であり、殊に肉身の甥の側《そば》で老母公の安住には最も適したからだ。

かくて大師は心残りなく高野山に帰られ、一室に籠って、木食生活のまま修法三昧を続けられた。殊に入定の日の十日前、即ち三月十二日よりは一日四坐の行法生活に入り、十五日には三種の御遺告を諸弟子の前に発表された。中にも『二十五箇条の御遺告』の如きは相当に長文に亘《わた》るもので、恐らく大師が早くより思い出す毎に一ヵ条づつ書き加えられて二十五条として用意しておられ、七日前の十五日に外の二種も加えて発表されたものであろう。

これらの御遺告の事が済むと、大師は香湯で身体を清め、かねて用意の衣袈裟《ころもけさ》をつけ、入定の座床に登って結跏趺坐《けっかふざ》とて固く両脚を組み、飲食等の一切を断って、大日の定印《じょういん》(法界定印)を結びその三昧に入られた。法界定印は胎蔵界《たいぞうかい》大日如来の印なるも、実は大日如来の慈悲《じひ》方便《ほうべん》の窮《きわま》り無き弥勒《ろく》菩薩の三昧を示している。大師はかねて衆生愛憐の念《おもい》深く宇宙大生命の本源に止住すればする程、「三界は我が所有、その中の衆生は我が子」なる至情止むことなく、『大日経』の「如何んが菩提《ぼだい》とならば云わく、実《じつ》の如く自心《じしん》を知るべし」という覚りの内的体験の心境を自ら解説し敷衍《ふえん》されて「究竟《くきょう》して自心の源底《げんてい》を覚知し、実《じつ》の如く自身の数量《すりょう》を證悟《しょうご》す」と説かれた。即ち「自心の底を掘り下げれば、それはそのまま生きとして生ける万生の心底と全く共通して一如となり、ここより顧《かえり》みれば一切衆生の身の上もそのまま我が身の種々相となる」との体験心境となり、そこにおのずから同体大慈悲の真心が湧いて止まない、止むに止まれぬ衆生愛悲の心が遂に大師をして入定なる非凡な途に駆り立てたのであった。

かくて入定の座に就き給うや、大日の定印を結び弥勒菩薩の大慈三昧に入られた。諸弟子は周囲をかこんで異口同音《いくどうおん》に弥勒《みろく》の真言を唱え、日より夜に及び、夜を徹して日に継ぐ、二日経ち三日経ったその頃、長老の弟子の実恵大徳が、大師の膝近く進み、祖師入定の後、吾ら末徒はその尊影を如何に拝すべきやと問うと、大師は徐《おもむ》ろに前に置いた五鈷《こ》金剛杵《こんごうしょ》を右手に把りて胸に擬し、左手には珠数をつまぐって膝におく構えをされた。これはとりもなおさず、衆生加持の三昧を示されたものであるが、それを真如親王――平城天皇の皇子にして大師の弟子――が襖の陰より涙ながらに書きとめられたのが、御入定の御影像《みえいぞう》であり、これは今日も尚そのまま、高野山御影堂の本尊として祀られている。かくて四日経《た》ち、五日六日もすぎて七日目の朝、予告たがわず堅く眼をつぶり唇を閉じられたので、諸弟子は、大師はいよいよ入定なされたと知ったのである。

大師は入定のまま生きてましますというので、葬送の儀式は一切せず、ただ毎日の供養のみをし、七々日忌の供養すんでも定身に何の変化もなく、五十日目にその定体をそのまま輿《こし》に乗せて諸弟子代るがわるに架き、かねて大師が指示された通り奥之院の三山鼎立し三水流ぐるりを洗う中央の低い丘を深く掘り、周囲を自然石で畳んで巌窟となし、白木の厨子を作って入れ、その中に定体を移し安置して扉を立て、上には厚い石の蓋《ふた》をなし、その上に石の五輪塔を置いて経軸《きょうじく》や仏舎利を納め、その上に廟堂を建てたのである。

これらの事は、高野山を大師より直接に付嘱された真然僧正――大師の肉の甥にして弟子――のひとえに営なむ所として伝えられているのである。(金剛峯寺建立修行縁起に依る)

かくて大師は高野山の奥之院に入定なされたが、その誓願《せいがん》は大師の肉身の上に示された衆生加持の三昧の如く、永遠に生きて、今も尚我らの救世主として大慈悲の活作略《かっさりゃく》を成しておられるのである。

5　同行二人の救済の内容

大師はどのような禅定《ぜんじょう》に入り、どのようにして衆生を済度《さいど》する働きを現じ給うているのであろうか。

即ち御入定《ごにゅうじょう》の宝処はどのような内容で、又どのような境地であろうか、私の拙ない凡情で伺って見たい。この事が真実に分かっていないと、その処より限りなく御利益《りやく》や効験のわいて来る理由もあいまいになる。

まず人間の意識の働きを分析してその根拠を探ってみよう。我々の意識活動の一番尖端《せんたん》にあるものは、眼《げん》、耳《に》、鼻《び》、舌《ぜつ》、身《しん》の五つの感官で、それを通して外境を認識するを五識《ごしき》という。即ち眼識を通して色境を知り、耳識を通して声境を、鼻識を通して香境を、舌識を通しては味境を、身識を通しては柔かいとか固いとかの触境を認識する。この五つは、意識の働く鋒先《ほこさき》に在るから前五識というのである。

所がこの五識の奥には、それらを統一して夫々の境界に対して分類し、比較し取捨し抽象《ちゅうしょう》し判断する所の分別《ふんべつ》を起こす意識がある。これを第六意識というのである。さてこのところまでは誰れにでも直ぐ分かるのであるが、その奥に、もう一つ別の意識の働きのひそんでいることが伺われる。それは対境に向って執念する情意の働きである。第六意識は知的な分別の働きであるが、それとは全く性質を異にした情意の上の執念で、この方が奥深くて、寧《むし》ろ第六意識の分別をも左右する。従ってこれを第七末那識(まなしき)という。

末那《まな》とは意志、もしくは執念の意味である。喩《たと》えば舌識を通して酒を味わったとする。これは洋酒だとか和酒だとか、或いは他の酒と飲み較べて見たりするのは第六意識の所作であるが、一度この酒を味わって見てその味が忘れられず、どうしてもその酒を飲まないと心が治《おさ》まらぬとなると、それはもはや分別では無くて第七識の執念の所作と成るが如くである。

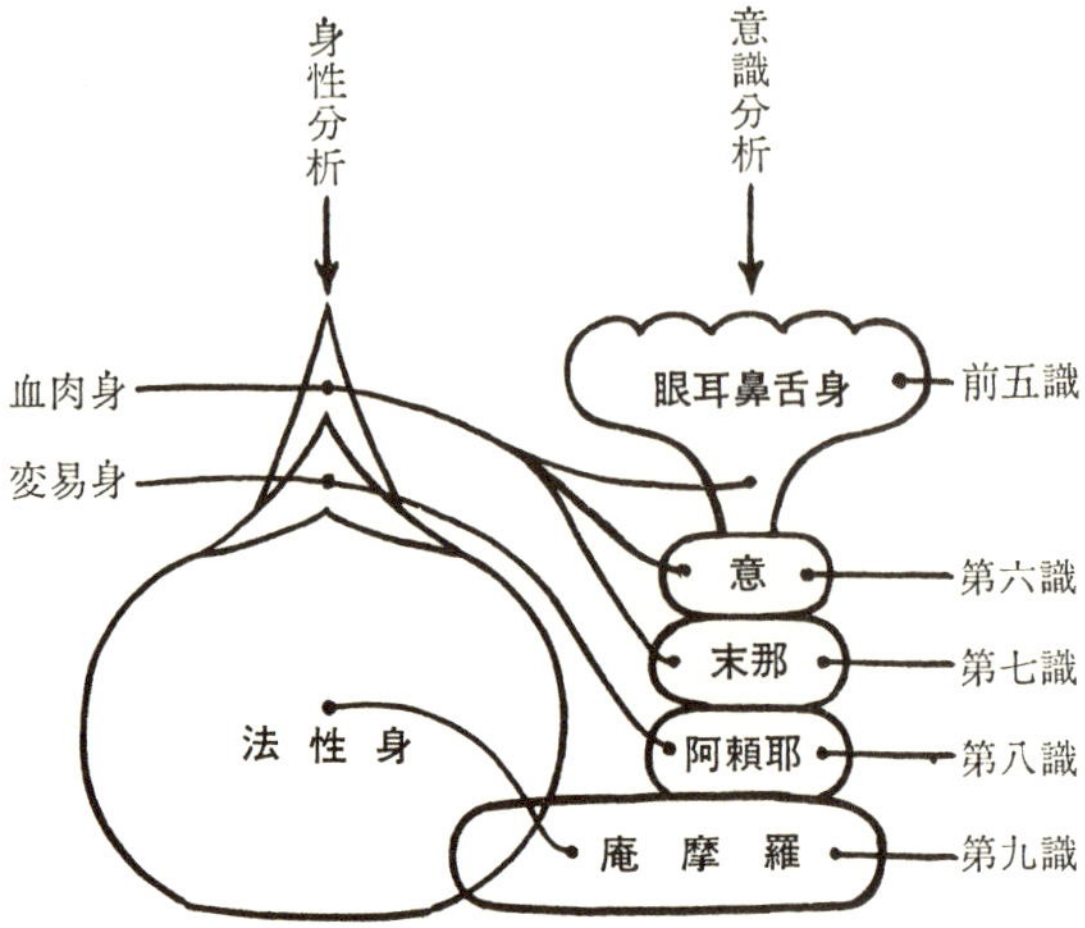

さてこのところまでは少し考えを深めれば分かる範囲であるが、それを更に掘り下げて探って行くと、一層深い所に別な意識の働きのひそんでいるのを知ることが出来る。それは第七末那識において一度執念を起こせば、その念力を、恰《あた》かも種子《しゅじ》を蒔《ま》きつけるが如くに意識の底に薫《くん》じつけて保存し、それは意識の表面からは消えてはいても、その底にはそのまま意志の種子として保存されていて、やがてそれが何かの機会に再び意識の表面に生現せしむる深層意識のあるのを探ることが出来る。これを第八阿頼耶識（あらやしき）という。阿頼耶《あらや》とは蔵《ぞう》と訳し、恰かも土蔵の中にあらゆる穀物の種子を蔵するのに喩えたのである。それは意識の働きの底にひそんでいるが、必ず在って意識の種子をそのま

まに保存し、そこより再びそのままの内容をもった意識の働きを生現するから潜在意識というし、個人意識の最も深い層に在るから深層意識ともいう。それは個々の肉身の底に在って、たとえ肉身は滅びてもその意識のみは残り、再びどこかの父母和合の縁をかりて新しい肉体を形成して生まれて、第七識以下の意識の働きを肉身の機能の上に開始する。かくて第八阿頼耶識のみは肉身の生滅を超えて残り、むしろ新しい肉身を次々と生み出す因種《いんしゅ》となる所のものである。この第八阿頼耶識を、我々は個人の霊魂ともいい、従って霊魂は、肉身の生滅を超えて不滅ということもいい得るのである。

さて第七末那識は、自らの肉身に執念を起こして我執となり、また対境の一つ一つにもそれなりの執念をいだいて執着となる。然るに我執の対象なる肉身はやがて老病死するし、環境もまた刻々に遷《うつ》り変る。それは何故かというに、これら自他の一切を載《の》せている宇宙それ自身は、すでに生きて働く生きものであるから、永劫《えいごう》に生き通して止むことがない。従ってそれより縁起し派生せるこれら自他の現象も、悉《ことごと》く所謂「諸々《もろもろ》の行くもの」であり、即ち「諸行は無常」で、遷《うつ》り変るのが法《ほう》爾《に》自《し》然《ぜん》の実相なのである。しかるにそれに執念を起こすことは、とりもなおさず法爾の流れに矛盾することになり、煩悶や苦悩となってはねかえる。所謂貪慾我慾（どんよくがよく）は瞋恚（しんに）と愚痴（ぐち）を生み、それらがもつれ合って餓鬼《がき》、畜生《ちくしょう》、修羅《しゅら》の交々《こもごも》起こる無《む》間《けん》地《じ》獄《ごく》の相を呈する。

これは第七末那識の所生であるが、一度これらの自己に対する我執《がしゅう》、個々に対する執着より解放されて法爾《ほうに》の実相に帰り、心に自由を得たいとの意慾も生ずる。このような意識を、第九庵摩羅識（あんまらしき）という。

庵摩羅《あんまら》とは本覚識とも真如意識ともいうのである。この世での覚者《かくしゃ》は、第九庵摩羅識の種子が、阿頼耶識の中に沢山に蒔《ま》かれて充実し、末那識も全く浄化されて執着執念で無くなり、却って慈悲の誓願心と成るであろう。但し第九庵摩羅識は、一切を包容せる宇宙意識ともいうべきもので、その中に個々無数の阿頼耶識以下――即ち第七識も第六識も前五識も載せているのである。第九識の種子が、阿羅耶識の中に蓄えられて芽生え、それが第七識、第六識、前五識、を通して働き出る時、それは仏性《ぶっしょう》（覚性）の開発と成るのである。これを「九識を転じて五智と成す」という。即ち第九識はそのまま法界と一如になれる智即ち法界体性智《ほうかいたいしょうち》と成り、第八識は、大円鏡《だいえんきょう》にすべてを映《うつ》し出すが如き統一の大円鏡智《だいえんきょうち》、第七識は、一切をば夫々に同一価値なりと覚る平等性智《びょうどうしょうち》、第六識では、個々は皆夫々に異なっていながらその処を得せしめている聖愛の妙観察智《みょうかんざつち》、前五識では、各々自らを創造せしめている成所作智《じょうそさち》と成る。即ち九識が転じて五智の仏性として開花すれば、その人はそのまま生きながらの仏陀であり、覚者《さとれるもの》と成るのである。

大師の如きは正にその人で、生まれながらにして衆生愛愍《あいみん》の性情を具《そな》え、即ち大師の阿頼耶識には、すでに庵摩羅識の種子が充満しており、苦修練行して漸次にそれが発芽し、その晩年には自ら深く意識して誓願を立てられ、遂に健かな身心の上に周到な準備を調のえて坐禅行法の三昧に入られたまま、即ち生命を百パーセント燃焼し荘厳したまま、息を収めて永眠された。大師の肉身は動かなくなり、たとえ地に委しても、禅定心は定恵力《じょうえりき》として働きを続け、第八阿頼耶識には、衆生愛念の願心と行力の種子が無尽に蔵されたまま、生滅を超えて永劫に続いて行くのである。

この事はまた立場を変えて、身的な働きの上からも分析して伺って見よう。凡そ生命の働きである身的な所作を三段に分ける。眼耳鼻舌身の前五識に映ずる最も粗大な身を生死分段（しょうじぶんだん）の血肉身（けつにくしん）という。所謂平生には個人の肉体というているものである。五つの感官を具え脳髄《のうずい》や神経等を内に包んでいる。生き死にもし、切り分かつ事も出来るから生死分段というのである。ところがそのような肉身の機能の底に在ってそれを支え、仮りに肉身の機能が壊《こわ》れても、一種の心的なエネルギーとして続くものを業報流続（ごっぽうるぞく）の変易身（へんにゃくしん）という。その内容は第八阿羅耶識であり、前滅後生《ぜんめつごしょう》とて、前のものがそのまま形を変えて後のものとなって続き、水の流れるが如くに流続して行く個人生命なるが故に変易身《へんにゃくしん》という。それは五官の感官に映る肉身ではなく、只深い瞑想の内にそれを探り感得することが出来る。更にこれ等一切の変易身を載せてそれを包み、不断にそれらを生み出しつつ、自身は自他の対立を絶し、有無、増減、生滅を超えて遍満充実せる何ものかがある。勿論それは深い禅定に入り三昧に住する時、心魂にひびき味得される境地であり、所謂《いわゆる》対立の次元を超えて実在するから神秘の大実在と名づくる所以である。それは肉眼で見える境地ではないが、心の底に何かしら、ゆるがぬ安心と法悦《ほうえつ》と幸福と感謝と勇気と精進の勝れた情操をたぎらせる内容のものとして実在するから、それを法性《ほっしょう》といい、法身《ほっしん》の仏とも仰ぎ、それをまた微細金剛（みさいこんごう）の法性身（ほっしょうしん）ともいうのである。

大師もまた『秘蔵記』の中に、このような真仏の実在することを、左の如く説いておられる。

「凡そ仏《ほとけ》とは有漏《うろ》の五蘊等の身《しん》を捨て　無漏《むろ》の五蘊等の微細《みさい》の身有《しんあ》り　如虚空《にょこくう》と云うは周遍法界の理《ことわり》のみ。其の体無きに非ず　諸仏の身は　千灯の同時に照らして障碍《しょうげ》せざるが如し　唯し仏と仏與《ぶっと》のみ乃《いま》し能《よ》く見知し給う　凡夫の肉眼では見ることを得ず　此の喩えの極《きわまり》は　虚空に過ぎたる無き故に　如虚空《にょこくう》と云う云々」

人はとかく眼に見える生死分段の血肉身だけを実在せる身と思っているが、それは誠に浅はかな見解である。この血肉身の奥に、それを生み出し支えている個々の生命の実在するを知らなければならない。更にこれらの個々の変易身《へんにゃくしん》を載せてそれらの一切を包んでいる絶対、無限、永遠なる宇宙大生命の、永劫不断に生きていることにも気づかない。そのようなことは自分に縁遠い存在と思っているが、それは現実の我等に大変遠いようで、而かも実は最も近い存在なのである。例えば一本の大木があって、その幹より無数の技が伸び、その先きにまた沢山の葉が重なり合って茂っている。これらの葉や枝の一つ一つも実は大木の幹の生命を皆夫々に生きているのである。それらは悉く幹の生命を、直下《ちか》に生きている。

我らもまた、宇宙大生命の中より、この世に縁あって生まれ出でた枝や葉の一つだ。たとえ小さくとも又はかなくとも大生命の内容を、最も身近く生きているのである。

大師もまた生死分段の血肉身《けつにくしん》の上には、右手五鈷杵《しょ》左手珠数の構えをもって衆生加持の誓願を姿の上に示しつつ、業報流続《ごっぽうるぞく》の変易身として、第八阿頼耶《あらや》識に蓄わえられたる金剛の種子を、絶えず開顕しつつ永く微細金剛の法性身に入定止住《しじゅう》し給うているのである。

大師はこの辺の消息をその著『即身成仏義《そくしんじょうぶつぎ》』の中の「三密加持速疾顕《そくしっけん》」を説く段に『金剛頂五秘密瑜伽《ゆが》儀軌』の文句を引証して

「行者　若《も》し能《よ》く此の理趣を観念する時は　三密相応の故に速《すみや》かに本有《ほんぬ》の三身（自性《じしょう》、受用《じゅゆう》、変化《へんげ》）を顕現し、此れを身につける事が出来る。即ち三密瑜伽加持の秘法に依って、その三昧《まい》に止住する時は　意識の底の生命の土台なる阿羅耶識に　金剛界の種子を植えることになり　その種子より微細金剛身として現生するが故に　生死の世界に処しても　而かも無染無著《むせんむじゃく》となり広く衆生を

利楽し　身を百億に分ちて諸の境界に応現する云々」
と説かれているのである。

天性、衆生愛念の情操をいだいておられた大師はすでに生まれながらにしてその阿頼耶識に正覚《しょうがく》の種子が蔵されていた。それがそのますますすくすくと生育して、青年求道《ぐどう》の時に求聞持法《ぐもんじほう》等の密法を幾度も精修され、中頃に中国大唐に渡って、その奥義《おうぎ》である真言密教の教理や行軌のすべてを学び極め、身に実証して帰朝し、その晩年に於いて遂《つい》にその秘法に依って禅定三昧に止住して、永遠なる衆生済度の誓願を成就し給うた。かくて入定留身《にゅうじょうるしん》し給うことに依って救世主として今もなお庶民より敬慕されている所以である。大師の入定は、肉身の上では右手五鈷杵、左手珠数の衆生加持の姿をもってその三昧に住しつつ、実は微細《みさい》金剛の実在身となって、永劫にその種子を生現せしめ、分身散影し給うて、同行二人の誓願を成就し給うているのである。

6　真言密教の教旨と利益

大師が、生涯をかけて探求され身の上に実証して、晩年にその三昧に入定し止住《しじゅう》された真言密教の教旨は、そもそもどのような内容であろうか。それは大宇宙生命の中枢《すう》にして而かもそれは生きとし生けるものの生命の根源である事を究《きわ》めて、それを我が現実生活の上に体現して行くところの教えである。それを梵語では「阿《あ》耨多羅《のくたら》三藐三菩提《さんみゃくさんぼだい》」といい、それを古来より無上正等正覚《むじょうしょうとうしょうがく》と訳してはいるが、分かり易くは「無上の価値と真実の内容をもったものと正に等しい覚《さと》り」という。それは時の古今や洋の東西を超えて永遠に変らぬ価値の根源であり、而かもその内容は単なる観念ではなく厳然たる実在である。それは我らの五官の感覚でとらえ易いところの、山・川・草・木や、人間をも含めての禽・獣・虫・魚等の生物をも載せたる、瓦礫《がれき》石土の集まりである地球上に生息《せいそく》するものから始まって、天空に連なる日・月・星・辰の星々天体等のすべてを含めたる大宇宙、而かもそれらの森羅《しんら》たる万象を内に包み、それを限りなく生み出しつつ生かしている何ものか――それは自と他、有《う》と無《む》、増と減、遠と近、生と滅等の一切の対立を超えたるもの――即ち絶対にして無限、永遠の大宇宙生命なのである。即ち大師はこのような大生命こそ、密教の根本々尊として、その著『付法伝』の冒頭に

「第一の高祖は　常住三世、浄妙法身《じょうみょうほっしん》、法界体性智《ほうかいたいしょうち》、摩訶毘盧遮那《まかびるしゃな》如来《にょらい》なり」

と説いておられる。常住三世とは過去・現在・未来の三世に亘《わた》って生き通しという意味。浄妙法身とは人間の肉眼では見ることが出来ないが、神秘の大実在としての法性《ほっしょう》を身《しん》としているの意。法界体性智とは、宇宙法界を己のが身体とし心性とし給うの意。摩訶毘盧遮那とは梵語で、大日《だいにち》と訳す。

即ち三世生き通しの生命をもち、人間の肉眼などではあまりに大きくて且つ深くて見通しは出来ないが、厳然と実在し、大宇宙を自らの身性とし給う仏様——これを名づけて大日如来という。一言でいわば真言密教は、大宇宙生命をそのまま生きた仏様、即ち大日如来として拝む宗教ともいえるのである。

凡《およ》そ通仏教の覚證《さとり》の内容を一言で説明して古来より「真空妙有《しんくうみょうう》」という。今分かり易《やす》い喩《たと》えでいうと、それは水のようなものである。水は円《まる》い器《うつわ》に入れれば円くなり、四角のものに入れれば四角にもなり、容《い》れる器《うつわ》次第でどのような形にもなるが、併し水そのものはこれらの容器を超《こ》えて円でもなければ四角でもない、一切の形容を超えている、この方面からは真空というのである。それなら何も無い、虚無即ちからっぽかといえばそうでない。水は水として厳然と実在してあらゆるものを潤《うる》おし養《やし》ならエネルギーそれ自身でもあり価値の根源をなす、この方面を妙有というのである。『菩提心論』には「寂滅平等究竟真実之智《じゃくめつびょうどうくきょうしんじつのち》」といい、「万徳斯処《ここ》に具し妙用無窮《みょうゆうむぐう》なり」と説いている。

このように真空にしてあらゆる相対を絶しつつ、而かも妙用無窮の価値の根源となる所のものこそいつまでも変らぬ覚《さと》りの本体であり、これこそまた大宇宙生命をおいては外にはないのである。

今日の科学文明は、この根本実在の中より、科学的認識に基いてそれを開発し応用して人間生活を便利にし幸福にしているが、その半面、それだけでは人心に不安をもたらし堕落《だらく》や闘争や犯罪を益々増加せしめて止《と》めどがない。やはり宗教的認識の上に立ってそれを見直してこそ、真実の安心と平和と繁栄が将来されるのではあるまいか。

そのためには大師の『般若心経秘鍵《はんにゃしんぎょうひけん》』に説かれた如く、唯「禅那《ぜんな》と正思惟《しょうしゆい》」に依らなければならない。即ち瞑想《めいそう》と観照に依ることをないがしろにしてはならないのである。これに依る時のみ始めて大宇宙生命はそのまま神秘なる大実在として体験され、生きた仏の霊体と仰がれる。即ち真言密教ではそのままを大日如来として拝み、それを我が心の光りとなし、魂の安まる所として出なおすのである

但し人々の天性はその生まれる際の因縁の異なりから、所謂「十人十色」で、面容も異なり個性も夫々に違う。実に種々様々の性格を具え題望も異なる。従ってそれに応じて神秘の大実在も、それに対応して種々相を呈する。かくて大日如来は一仏なれども、人々の個性願望に応じて多面体となり、多くの仏《ぶつ》・菩薩《ぼさつ》・明王《みょうおう》・天神《てんじん》等となって応現する。かくて大日如来を根本一仏とし、それを中軸として秩序《ちつじょ》整然たるこれら多くの諸尊達の集まりとなる。これを曼荼羅といい、これを一定の図に表現せるものを現図の曼荼羅というのである。

曼荼羅とは梵語で「心髄を有するもの」と訳し、古来より輪円具足《りんえんぐそく》とて、恰《あた》かも車輪の輻《や》が中軸に集まっている如く、多様の一切が一つの生命に統一され、その各々がその生命にかがやいている

をいう。要するに曼荼羅こそは神秘の大実在の宗教的認識に基《もと》づける内景というてよろしく、宇宙の縮図であり、われら人間生命の真実相でもある。

さてこのような神秘の大実在を深く身につけるためには、ただそれに向かい合って客観的にそれを認識するのではなくて、寧《むし》ろ己《おの》れを空《むな》しゅうしてそのものと融合し、内面より生けるままにそれを体認せねばならぬ。所謂《いわゆる》「禅那《ぜんな》と正思惟《しょうしゆい》」とて、深い禅定に入って心を内に鎮《しず》め、それと一つに融《と》け合ってこそ会得《えとく》し身につけることが出来るのである。密教の三密瑜伽《ゆが》行が最もこれにかなう適切な行法である。それは何故かというに、対象そのものが神秘の大実在そのものであり、それは生きた生命体にして、それをこわさずに身につける。生命体は身と語と意の三面を具《そな》えている。まず生命それ自身が生きる意欲をおこす、それが個体となりその上に現われて働らきとなると共に、音《おん》韻《いん》もしくは香りとなって表現される。即ち意志と働きと音韻《おんいん》(もしくは香り)は、生命体の働く三面といえる。これを密教では、身・語・意の三密という。密とは秘密で即ち神秘の大実在の働きを意味する。

従って神秘の大実在と一致するためには、まず手に印を結び、口に真言を誦《とな》え、意《こころ》その三昧に入る。即ち人間であれば手が身的働きの尖鋭《せんえい》であり代表であるから、両手の指を組合せて大実在そのものを表示せる印契《いんげい》を結《むす》び、口には大実在そのもののほどばしりである真言を誦え、意はそのまま大実在の三昧に入る。三昧とは梵語で、そのものに成り切る事である。そのようにすれば、我らの現実の肉身を挙げて大実在そのものに成り、所謂仏に成る。これを即身成仏というのである。

　現実の人間生活を換えずして、そのまま手に印を契び、口に真言を誦じ、意その三昧に入ればそのままで仏と成り、大実在そのものと成る。この処に真実の安らぎと、尽《つく》せぬ悦びと、生きることの感謝と、撓《たわ》まぬ精進となって来る。もし一度このような体験を得れば、それは我が心魂に深く植えつけられるのみならず、大実在に通じて十方世界にも及ぶが故に、どのような境遇にあっても必ず自然に共鳴を得て他よりの加護を受け、自他共に共栄の道につながって来る。瑜伽とは梵語で、それを相応と訳し、大実在を通じて他の一切とも通じ合い、互いに相応し合うをいう。真言密教が、三密瑜伽法に依って加持祈禱してその利益《りやく》を、自らのみならず他にも現成せしむる最も勝れた道とするのも、そのためなのである。

　大師の御入定は、このような真言密教の教旨を踏まえて成就《じょうじゅ》された。大師はお若い頃より求聞持《ぐもんじ》法等の三密瑜伽行に依って身心を練り、その奥儀を求めて中国唐へ渡り、真言密教第七世の祖師である恵果《けいか》阿闍梨に就《つ》いてそのすべてを学び究め、その法派をも継いで第八の祖師と成り、この教旨の一切を身につけて帰朝された。そしてこの教えを弘めて多くの諸弟子を養成し、その修行の道場を開くとともに、諸国各地に行脚《あんぎゃ》して親しく庶民に接し、この秘法を精修して、世界の平和と国家の安泰、社会民衆の福祉のために祈願された。そして遂にその晩年に於いて、この秘法を修し、その三昧《さんまい》に止住したまま誓願を後生に残して入定留身されたのである。

大師は、真言密教を修すれば修する程、自らの生命の底に大宇宙生命を深く体認し、その見地よりすれば一切の衆生の身心はそのまま自らの身心の種々相と感ぜられ、所謂《いわゆる》「十方の含識（衆生のこと）を視ること己身《こしん》の如し」という同体大慈悲心に催され、一人一人の生きる上につきまとう苦しみ――これは誰人もまぬがれぬ苦しみ、即ちいつまでも生きたいのにその対象になる肉体には必ず老病死の来る苦しみ、更に生命の欲求は無限であるのに、その対象になる社会環境は有限でいつも条件に制約されている矛盾《むじゅん》より起こる苦しみ等――より如何にしてそれを軽減し、それより解脱《げだつ》せしめ救済せんかとの止むに止まれぬ愛憐《あいりん》の至情に駆《か》り立てられたのであった。そのためには衆生の一人一人に附き添って、いわゆる同行二人となっても悉《ことごと》くを利益し安楽ならしめずんば止まじとの誓願を立てられ、それを永恒ならしめんとし、遂に御入定なされたのである。

正に大師こそは、生身の大日如来にまします。曼荼羅の諸尊は実は皆大日如来の応現身であるが故に、たとえどのような仏、菩薩、明王、天神を信じ拝んでその利益を得るにしても、実は大日如来の加護に外ならず、従って又生身の大日なる大師の同行二人の誓願の救いに摂《せっ》せられざるはないのである。

大師の御入定の尊影を拝するのに、右手に五鈷杵《こしょ》を胸に擬し、左手に珠数をつまぐる衆生加持の御姿こそ、そのまま生身の大日の尊像と拝される。即ち大師はこのような真言密教の教旨を、一身の上に具現し給うているからである。

いざや大師を、身心の苦難を救い給うみ親と仰いで、両手に金剛合掌の印（両手の指先きを交えた る合掌——仏と一体になってその道を邁進する決意を示す印）を結び、口に大師の宝号を誦え、意《こころ》その三昧に入って念ずれば、大師を通して大宇宙生命に通じ、いわゆる曼荼羅の諸仏の冥護《みょうご》の下に、尽せぬ御利益となって現成されるのである。

第三章　瑜伽秘法を修しての体験実話

1　捨身祈願して仏天の加護を体解

大宇宙生命のお働きの種々相を一定の図の上に描いた曼荼羅の中のどれか一仏を拝み、入定留身《るしん》のお大師様の同行二人の誓願を信じてそれに縋《すが》り、真心からお願いすれば、必ず不思議の霊験のあることは、私自身が八十二歳の今日に至るまでの生々《なまなま》しい体験があるので、その中の三、四をこれより述べる事にする。

私は越後の上越市直江津《なおえつ》近在の片田舎の農家に生まれたのであるが、私の生家は代々真言宗（現在は豊山派《ぶざんは》）の寺の壇家であった。座敷の中央奥の一段高い所に仏間があって、聖観音の立像を本尊としてその両脇には弘法大師と興教大師が祀られ、お不動さんやお地蔵さんなどが並べ祀られていた。私はこの仏壇の観音様の気高くて柔和なお姿がなんとなく好きで、幼ない頃からよく仏間に行き親しんだ。今でいうと観音様が三十三に姿をかえて衆生を済度《さいど》される和綴じの霊験記の本がいつも仏壇に置いてあり、性懲《しょうこ》りもなくそれをめくっては見入ったものだ。勿論文字は読めるはずはないのであるが、唯その中の絵に心ひかれた。尚私の生家は一代に一人ずつ真言宗の坊さんを出す習慣があり、私の祖父の弟が、二里程隔った顕法寺《けんぽうじ》という真言寺の住職であり、又父の弟が高野山の三宝院の現住職より四代前の住職でもあった。そのようなことで、男兄弟五人もあった中から誰いうとなく四男坊の私が僧に成るようにいわれ、私も又内心そう思っていた。満十一歳の八月、小学五年生の一学期もすんだ後の夏休みに、叔父の招きに応じて、父に連れられて高野山に登り、当時金剛峯寺の執行職《しゅぎょう》（財務）を勤めていて竜光院に止宿して居られた鈴木英良師の弟子として仕えることになったのである。

ところが師僧は、十一歳位では、高野山での生活は未だ早いと思われてか、二ヵ月余りして自坊の埼玉県妻沼町《めぬま》の歓喜院の秋の縁日に私をつれて帰り、そのまま私を副住職の杉野智灯師に託しておいて、自分は又高野山へ戻られたのである。私は妻沼町の小学校の五年生に編入して、寺では小供の仲間に加えられ、満十四歳の五月、私と、外にもう一人を得度さすために、わざわざ高野より帰って来られた英良師に就いて剃髪《ていはつ》し、衣を染めて、僧名を英光《えいこう》とつけてもらった。そして師は今度は私一人を連れて高野山に戻られたのである。英良師はその頃光台院の兼務住職としてそこに住まわれ、私は師に仕えつつ、半年かかって四度加行を成満し、その翌年より高野山中学に入った。途中脚気《かっけ》病を病み一ヵ年休学したが、とにかく卒業して、続いて大学に進みそれも無事卒業させてもらったのである。尤も師は、私の中学三年生の末、本山での長い勤務を辞して、歓喜院に帰られたのである。

大学卒業後、師の許《もと》に帰って、漸《ようや》く年老いられた師に仕えつつ、法弟達の面倒を見たのであるが、二カ年余りして師の許しを得、ふとした縁から四国愛媛県の東予市楠の道安寺の後住となったのである。その時は満二十六歳の六月であったが、先住職は三年前より脳軟化《なんか》症で臥床しており、私が来た頃は身心共に幼児の如くであった。従って寺務の引継ぎなど全く出来ず、漸《ようや》く義母や寺の総代などに寺の概況を聞く程度であった。私は寺の現況を適格に知るためにも、まず本堂の裏堂から始めて須弥《しゅみ》壇《だん》や位《い》牌《はい》壇《だん》の下からつぎつぎ書棚や納屋《なや》の隈に至るまで、暇に任せてコツコツと整理し、書類や記録などには眼を通して調査した。それで大体寺の概況がつかめたのである。

この寺は縁起は古く、奈良朝に入る前の白鳳時代即ち舒明天皇の時に開基され、本尊は薬師如来に、日光・月光の両菩薩や十二神将など極彩色の仏像が揃《そろ》っており、七堂伽藍などの輪奐《りんかん》の美を極めていたとの事であるが、千二百年に余る年月を経て、幾度か兵火に遇い、現在は八畳の間《ま》六室と一間幅の椽のある寄せ棟造り瓦葺《ぶ》きの客殿一棟があり、その南の二《ふ》た間《ま》を貫いて仮本堂になっており、そこに仏様を祀り、位牌等が並べられてあった。別に藁《わら》葺《ぶ》きの庫裡一棟と納屋の一棟があり、正門だけは大きなのがどっしりと建っていた。境内だけは建物の割合いに広く、裏には幕地と竹藪が、横には畑地が続いてある。檀家約二百戸余りとそれの分布状態も大体分かり、所有田畑二丁五反歩《たんぶ》（二ヘクタール半）余り、それより毎年納まる小作米が約五十俵の収入のあることも分かって来た。尚別に境外仏堂として、前を通る県道と、裏を通って県道と交って走る鉄道とに隔てられて、三丁余り（約三百五十メートル）離れた所に、臼井御来迎《うすいごらいこう》なる小堂があり、これは道安寺で管理することになっていたのである。

私は二カ月余りかかって漸くこれらの現況をつかみ得たので、これに基づいて将来如何にこれを運営して仏様にお仕えし、檀信徒の教化に当って行くかに就いて思案を練ったのである。

この時に私の一番困ったことは、この境外仏堂の臼井御来迎《うすいごらいこう》であった。この所は嘗《かつ》て昔に弘法大師が四国路巡錫《じゅんしゃく》の砌《みぎ》り、暫らく道安寺に滞留して、村民が干魃《かんばつ》に困り、飲料水にまで躬《きゅう》する様を御覧になりこの村の三ヵ所に井戸を掘って水をわかし、村民の苦難を救われた。その中の曽良田井《そらたい》と岸井《きしい》は現在そのまま地名は残っても湿地にとどまっているが、独り臼井のみは清泉滾々《こんこん》とわき出て今に至るも尽きず、石の円い井戸側の一方よりわき流れ落ちる時太陽光線の関係でもあろうか七色光彩水中にかがやき、恰《あた》かも諸仏菩薩の来迎を拝するが如くなので誰れ云うとなく「臼井《うすい》の御来迎《ごらいこう》」として崇め、そのお水をいただいて霊験を受くるものあるなどで参拝者もあり、殊に当時の四国遍路の街道筋にも当るので遍路同行人の参拝もあり、番外霊場の一つに数えられていた。その井戸の向うには、いつの時代か大師の石像が立てられ、寛政年間にはそれに柱を立て屋根を葺《ふ》いて雨露を防ぐささやかな大師堂が建ち、明治十二年には通夜参籠所も設けられた。

ところがこのような本寺を離れて、管理の行届かぬ仏堂には、得てして定職をもたぬ仕事ぎらいなものがよく屯《たむろ》するものである。私が道安寺へ晋住《しんじゅう》した頃―（昭和の初め）やはりそのような弊害《へいがい》に陥《おちい》り、殊に先住が身心共に弱かったためか、留守番を置いて殆んど放任された儘《まま》の状態であった。類を以って集まると云うか、近在に住むいわゆる遊び人（暴力団）の親分みたいなのが自分の遊び場にし、四国遍路の中でも、「遍土《へんど》」というて浮浪の徒が何日も泊って近処を「お修行《しゅぎょう》」と称して、家家の門口に立って米や金銭を行乞しても、夜はそれで酒を飲み喧嘩をし賭博をするというような始末で、村の思想悪化の根源みたいになり、心あるものは眉をひそめ、ひそかに憂える者があっても、後難あるを恐れて誰れも手をつけるものがなく、却ってそれをよいことにして益々傍若無人に振舞っている有様であった。警察からも時には管理を充分にするよう注意を受けていたのであるが、私は未だ年令も若く、それに土地の人情にはまだ不慣れで、全く手のつけようがなかった。併しこのままではいつまでも寺に禍痕《かこん》を残し、村に不安を醸《かも》すことを思うと、夜も安眠出来なかった。溺《おぼ》れるものは葺《わら》をもつかむというが、私は思案余って不動明王に縋《すが》ろうと決心したのであった。

これに就いては、嘗《かつ》て私が埼玉県の歓喜院に入ったばかりの子供の頃、聖天堂の正月の縁日に芝居がかかり、何んでも東京からよい役者が来て演ずるとかいうので、師の許しを得て見に行った。

当時は大正の初めで未だ戦時色も濃く、芝居も亦それを反映してか軍人ものであった。或る高級将校の妻が二人の娘を残して死に、年若い後妻を迎えたところ、それが心善《よ》からぬ者で継子《ままこ》をいじめ、その上部下の士官と愛情関係を結んだ。それやこれやの苦労で、その将校は眼疾を患《わづ》らい、失明するに至った。然るに抱えの車夫が非常に忠実な人で、遂に成田の不動様を信仰して願をかけ、主家の危難を救い給えと参籠《さんろう》して祈り、ただでさえ身ぶるいするような寒中に、実際に水を汲み上げ何杯もかぶって祈願したのであった。忽《たちま》ち不動明王　姿を現じて霊験を示し給い、主人の両眼明いて、さしもの悪人退散し、親娘《おやこ》共に危難が救われた――というすじ書きであった。この一事が私の小供心に深くしみ込んでいたのであろうか。

そこで私は不動明王の金仏《かなぶつ》を本堂の大壇上に祀り、その行法次第を涙ながらに墨で浄書して、まず毎日一座の行法を修し、必死で祈願した。朝とは限らずその日の内で一番心の落つく時を撰《えら》んで拝んだ。一座の行法が一期《いちご》一会《いちえ》の真心こめて「どうにも無力の私では手のつけようもないこの難儀な障りを速かに除いて大師の誓願に添い奉れるような場に浄化して下さい」と、熱禱を凝したのである。

ただ仏様を拝んだだけで、手を拱《こまね》いていたわけではない。一方に於いては順次に禍根《かこん》の粛正《しゅくせい》に手をつけて行った。檀徒の中には激励してくれる人もあったが、何しろ対手《あいて》がわるいので後難を恐れて、寺へは段々寄りつかなくなり、自然に孤立無援となった。時にはいやがらせや脅迫《きょうはく》されることもあったが私は屈さなかった。それを恐れて手をゆるめたのでは、後へ永く禍根を残すことを思うと、私は決死の覚悟でじりじりとその手を進めた。私は雪深い北越の生れで、血のめぐりはわるくとも根気のよいことだけは負けなかった。その間前後五カ年間もかかったのである。実に血のにじむような心の闘いであった。

遂にその最後の時が来た。それは或る夏の夜、その界隈で「三勇士」といわれている暴力団の親分みたいなのが三人寺へやって来た。私はいよいよ来るべき時が来たと思い、その時ふと便意を催したので家内に、座敷へ通して何か冷たい飲物でもお茶がわりに出しておくように命じ、私は便所に入り用を足しつつ胸に手をあてて覚悟を新たにして出て行き徐《おも》むろに応待したのである。三人は私の席の前と左右に座を占め、初めはおだやかに

「今まで通りに自分等の意中の人をそのままそこに居らすよう」

迫った。私はまず、仏様のお堂の在り方を説き、事今日に至ることの止むを得ない事情を淳々と話したのである。対手《あいて》は段々と声を荒げて来る。

「彼れがそこを出れば忽ちに生活に困る。あんたは寺に居ればそれで食べていけるじゃないか、坊主のくせに無慈悲なことをいうな‼」

という。そこで私は

「在家ならいざ知らず、仏様を祀るお堂に居る者は自分の生活のためであってはならない。仏の教えに少しでも添い、その誓願にお仕えすることが主である。その余徳に依って生計を立てるのが本当なのではあるまいか」

と諭《さと》すように答えた。議論で負けた対手の三人は忽ち怒声に変って

「コラ!! 糞坊主《くそぼうず》!! おれ等《ら》を誰れと思っているのか、わざわざやって来たこのおれ等の顔をふみつけやがって、後悔するな!!」

と懐《ふとこ》ろに手を入れ、恰かも短刀でも握るかの勢いで私に迫ったのである。私はもうこれ以上は問答無用!! と思って、黙って膝においた手にうちわを持ったまま煽《あお》ぐともなく煽いだ。あまり私の態度が静かなので振あげた手をおろすすべもないような態《てい》で、「覚えておれ!!」と捨台詞《すてぜりふ》を残して彼らは立去ったのである。

家内の者はびっくりして警察へ電話をかけるとかで出て行き（この時は未だ寺には電話をとりつけてなかった）、帰って見たら静かに私独り何事もなく坐っており、檀徒の三、四人が雨戸の外に身をひそめて心配してくれていたとの事であったが、後難を恐れて誰れも出て来なかった。

私はこの場に臨んで不思議に終始冷静であった。平生は訥弁《とつべん》の私なのに、この時ばかりは対手の

詰問に対して、妙に雄弁に、しかも順序をたてて答弁が出来、対手が膝を立てて三方より私に迫っても少しも恐れることもなく動ずることもなかった。正に不動明王が守り助けて下さったとしか思えなかったのである。何か天地に大きな力が在って、法を以って祈れば必らずおかげがあるものとの確信が、この時から出来たのである。この事があって以来、さしもの対手も観念したのか、さっさと明け渡してその堂を退散したのである（尤も私は立ち退く者に対しては後から相当のわらじ銭は出してやったが。）

私はその後この道場を直接寺に於いて管理し、私自身出向いてそこに寝泊りしつつお守《も》りした。折角の通夜堂を遍路同行者のために開放し、無料で一泊通夜の宿を接待し、一汁一菜の精進で賄《まか》ない、同行者と共に夕食後は仏前に勤行して法話をし、翌朝は又仏前に勤行して朝食後は出立すると いう工合にしたので、毎夜十人位の遍路同行者が入れかわり立ちかわり泊って、さながら常時一夜の信心修養会のようなものが相当長く続けられた。同行者の中には志あるものが何日か居って私のこの事業を助けてくれる者あり、台所の炊事なども奉仕してくれる婦人もあり、相当に繁昌したのである。

しかるにその後日中戦争、次第に硬着してやがて太平洋戦争に突入し、終戦後は国内の経済情勢の変動に伴ない遍路交通網も変わり、四国霊場順拝者はバス等に乗って新しく開通した別の道路を通るようになり、泊るものもなくなった通夜堂は次第に朽ちて来たのでとりこわし、臼井の霊泉と大師堂や、その境域を整備して、折角の大師の遺跡と誓願を後世に永く遺すようにしたのである。

2 失明より救われた

私が縁あって埼玉県の師の寺より、愛媛県の道安寺の住職となって赴任《ふにん》したのは昭和三年六月で、今より数えて五十七年前の事であった。その年の十月に先住職遷化《せんげ》（逝去の事）し、葬儀をすまして、その後で近在のお寺の何ヵ寺かを挨拶にまわった。

道安寺より約二里（八キロ）南に離れた所の小松町に四国霊場六十一番札所の香園寺《こうおんじ》があり、そこへも参って始めて住職の山岡瑞円師に会ったのである。細面《ほそおもて》のどちらかと云えば蒼白く痩せ型で、立居《たちい》振舞《ふるまい》も楚々《そそ》としており、細長の両眼に微笑をたたえて小児も懐くかと思われる容姿であったが、私が随時に発した密教に就いての質疑に対しては、快刀乱麻を断つ如く即座に適切な解答が返って来た。私は心中にこの田舎にこのように密教を体解《たいげ》された人師の在る事を知って驚くと共に、深く敬意を表わしたのである。

その年の十一月に、今上天皇の即位の大礼がありその奉祝のよき日に周桑郡仏教団主催の奉祝祈願の法会が、この香園寺に於いて催された。私も郡内に住む団員の一人としてその法会に参列した。大般若祈禱会《だいはんにゃきとうえ》が催され正導師は長老の人師が勤め、下の壇では護摩供《ごまく》が修せられてその供師を山岡瑞円師が勤められ、私ら若い者は護摩壇の両側に坐って大般若経の転読《てんどく》をしたのである。護摩の本尊段に入った頃であったか、私は転読しつつふと眼を上げて見た瞬間であったが、山岡師のその本尊の三昧に入られた形相《ぎょうそう》恰かも〝生ける不動明王とはかくばかりか〟との威厳に打たれ感銘を新たにした。三密瑜伽《さんみつゆが》の行法も、それに通達すればそのまま即身成仏するとの大師の教旨を、今面《ま》のあたりに見たような気がしたのである。

その十一月の末には、香園寺境域に三密学園なる修道機関あって、その道場に於いて嘗《かつ》て私が高野山大学に在学中の恩師である栂尾祥雲先生の曼荼羅の講伝が行われ、私も七日間参聴した。この時始めて香園寺なる寺の全容を知ったのである。

この寺は四国霊場の札所とはいえ、明治維新の排仏毀釈《はいぶつきしゃく》の難に遭って、本堂は壊れたままで、四間四面の大師堂とそれに連なるささやかな庫裡《くり》があっただけの貧寺に陥《おちい》っていた。瑞円師がこの寺に生母と共に入寺したのは明治二十四年の六歳の時とか。その後長じて高野山の中学林に入学し、後に京都東寺の中学林に転校せるも、肺結核《はいけっかく》を病んで、退学療養の止むなきに至り香園寺に帰って師の後を継いだのは二十歳であった。寺には先住以来の借銭あり、その上不治の病いにかかれる師は進退極まって為すすべもなく、独り寝ていた。

たまたま四国霊場を巡拝する遍路の先達に連れられた十人ばかりの一行が夕方やって来て一夜の宿を求めた。数日食うものも無く断食して病臥していたので、「勝手に入って泊って行くがよかろう」と全く寺を明け渡してしまった。一行は手分けして、寺内を清掃するものもあり、又托鉢《たくはつ》に出て行くものもありして、結局十日間程泊っている内に、本堂から台所に至るまで奇麗に清掃し、師の寝ている寝具や、寝巻《ねまき》まで脱がせて洗濯してくれ、そしていよいよ出立する時に托鉢で残った米や金銭までそのまま置いてくれ、

「坊主のくせに、仏様を拝まずに寝ているとは何んたる不仕《ふし》だらか」

と一言叱るように忠告して出て行った。食べるものもないまま食わずに居れば死ねると、生死を天運に任《まか》して寝ていた師は、この時豁然《かつぜん》と悟《さと》る所あり、これより寺をまず遍路同行者のために解放したのである。

当時四国霊場には宿泊の設備のない時なので、三々五々と泊るものあり、それに伴なって不治の病もうす皮をはぐように治って来ると共に、寺運また漸くめぐって参り、これら同行者の中には時には病人などあって加持祈禱を請うものもあり、無慾無心になって拝めば霊験掌《たなごころ》をさすが如く、それをきき伝えて加持祈念を求める者次第に多くなって来た。

かねて香園寺の本尊大日如来のお厨子《ずし》の扉を開けば生命がないと先代以来いい伝えられておったのであるが、一度死線を超えた師は或る日その扉を開いた。所が鼠《ねずみ》の糞などいっぱいにつまって、本尊の尊像がどこに在《い》ますやら見ることが出来ない。そこで暇にまかせてコツコツとこれを除《の》けて行く内、智拳《ちけん》印に住し給う尊像が次第に姿を現じ給い、その台座の側より古い聖教箱が出て来て、中を開いて見れば一冊の教書が秘められていた。それに依ると

「その昔　弘法大師が巡錫《じゅんしゃく》してこの寺に来られた時、たまたま旅の女人の難産のため七転八倒の苦しみをなせるを、見るに忍びず、種々介抱すると共に秘法に依って加持し給いしに、安らかに男子出生し、大師はその子を衣の袖に抱き上げて、女人にこのような苦しみのあるを憐《あわ》れみ、ここに安産、子育て、御身代《おみがわ》り、女人成仏の四大誓願をお遺しになった。この時の大師を特に子安弘法大師と崇め奉る云々」

との教書であった。そこで師はこの子安の四大誓願を宣布《せんぷ》して諸民の苦難を救うことこそ自分への課せられた使命と覚《さと》り、ここに子安講を組織してそれをまず通夜宿泊の四国遍路を通じて宣布したのである。

俄然全国に拡まり講員信徒の参詣踵《くびす》を接し、寺門もまた興隆の一途をたどると共に、これら講員の中には単なる信仰だけでなく、大師の教法を深く探求して体解《たいげ》したいとの求道《ぐどう》者もあり、自然に

それらを或る期間修行せしめるために三密学園を併設するに至った。又これらの信徒間に更に深く文書を通して布教伝道の必要よりして『人と仏』なる月刊新聞を発行して講員に輪読せしめ信心培養の資料とした。

しかもこの子安講本部に奉仕せる人々や学園で修行する者らは皆一様の木綿の黒の改良服（僧侶の着る日常の略服）と、同じ木綿の茶の輪袈裟《わげさ》（首にかける略袈裟）をかけ、誠に粗末な服装ではあるが、各自になんとなく信心の生気に溢《あふ》れ、山岡師を中心として生気発溂《はつらつ》、和気藹々《あいあい》と、さながら燃える火の玉という感があった。

嘗《かつ》て私は高野山大学に在学中、専《もっ》ら大師の真言密教の探求に精力を傾け、その教理発展の跡をたどってその真髄《しんずい》を探る経路を『真言密教の淵源とその立場――釈尊より弘法大師へ――』なる原稿用紙六百枚に余る卒業論文に纒《まと》めて提出し、計らずも論文賞をもらって卒業したのであるが、今その大師の教理が、我らの実生活の上に如何に生かされるべきかをひそかに模索《もさく》していた時であったので、この子安教団の歩みに著《いちじる》しく心引かれるものあり、その上山岡師よりの誘引もあって、その翌年即ち昭和四年の正月より子安講本部に出仕し、特に三密学園の仕事にたずさわり、傍ら『人と仏』紙の編輯などを手伝うことにしたのである。

それでその当時まだ舗装などされてないガタガタ道を毎日自転車で通い、時には屢々《しばしば》泊りこんで学園生と寝食を共にしつつその仕事に打込んだ。勿論その間、自坊道安寺にふりかかった臼井御来迎の問題の解決にも心を砕《くだ》いていたのであるが。それ以来前後十五年間、全く三密学園に青春の情熱を燃やしたのである。

併しこのような身心の過労がいつしか私の体調を蝕《むし》ばみ、なんとなく身体が痩せて来て屢々胃腸障害を起し、妙に眼がくぼんで遂に失明するに至ったのである。それは昭和十二年の三十五歳の時であった。

ある夏の朝、ふと眼をさますと、左眼の視野に十円硬貨程度の黒いものが出て先方が見えない。今まで眼の病気などした事もないのに、夏だから何か眼やにでも出て瞳孔《どうこう》をふさいでいるのかも知れないと思って、起きて顔を洗い眼をよく洗っても相変らずそれはとれない、家内に見てもらっても「何も付いていずきれいな眼だ」という。痛くもかゆくもなく、右眼はよく見えるのでその内に快《よ》くなるだろうと軽く考えていたが、四、五日しても一向にその黒いものがとれずに段々大きくなるようなので、これは眼の病気かも知れないと気付き、三里(十二キロ)程隔てた西条市に木原という眼科の名医があるので診察してもらったら、厄介な眼病で、眼底に出血して網膜を犯《おか》しているとの事。今まで眼病などした事のない私は内心ドキッ!! としたのである。

とにかく一ヵ月程通院せよ手当してしてみるからとの事であった。夏の酷暑の中を十日余り通院したが一向に快くはならぬだけでなく、その黒いものが左眼の視野いぱいに広がって全く見えなくなってしまった。医者は「ひどい出血で私には手におえない」といい、その勧めで遂に京都の大学病院の眼科に入院することになった。

私はこれはただ事でない、右眼の見える間に徹底的に治療しようと思い、必死の覚悟で後事を家内に頼んで独り京都に上り大学病院の眼科に入院したのである。病院では精密に検診した結果、結核性の眼底出血との事、即ち結核菌が眼底の毛細管を犯し眼球内に出血して網膜や硝子体を混濁《こんだく》し光りが入らぬため視力を曇らしてしまっている。しかもそれは結核性であるため屢々再発する可能性あり「青年性再発性網膜硝子体出血」という病名をつけられたのである。とにかく一ヵ月入院せよ手当てをしてみるからとの事。私はそうするより外なかったのである。

手当てといっても眼球に毎日注射する事と、結核菌に対する抵抗力を養なうためのツベルクリンを皮下注射するだけであった。毎日の眼球注射は実に苦痛で、五十秒程ではあるが頭の底までひびく痛さであった。その痛みに堪《た》えかねて「左眼は諦《あき》めるから右眼だけは助けて下さい」と必死で頼んだが、すでに右眼にもその病気は来ている、やがて左眼と同じような破目に成らねばよいが、というのである。

さて一ヵ月は経ても少しも快くならない、「もう一ヵ月入院して見よ」という、そうするより外なかった。ところが二ヵ月目に入って十日間程した或る朝、突然右眼の視野にも出血して来て暗くなり、施《ほどこ》すすべがなかった。万事休す!!　で私は全く盲人となった。左眼はすでに完全な失明、右眼もまた七分通り見えなくなり、手探《てさぐ》りで漸くものにつかまって歩く程度に陥《おちい》ってしまったのである。京都の夏は実に熱苦《あつ》しい、その当時は冷房装置などなく、木造の古くてただ広い板間の病室、ベットを並べて患者の大勢が病臥しているような当時の病室で、窓を開いても風通しがわるくて寝ていても汗がにじむ、せめて外に出て涼風にあたりたいと思い、手さぐりで病室の外に出て庭の木棚につかまって前の通りを、見えぬ眼で眺めていると、濃霧の切れ目からのぞくように、若い丁稚《でっち》が、片手にウドン箱を提《さ》げ、片手で自転車を運転して人混みの中を自在に通りぬけて行くのが、明滅して見えた。それにひきかえ今この私は!!　と思うと情なくて泣く泣くベットに引きかえしたことを覚えている。

眼が見えぬだけで外に苦痛のない私は独りベットで仰臥しながら悶々とした。その時私には七歳の男子と五歳の娘あり、これからの養育をどうしたらよいか、それのみか私自身突如失明して治る見込みなく読み書きは勿論、風景も人々の顔や姿ももう見えない、行く先きを考え、私の身の不幸をかこって夜も碌碌眠れず、それが却って悪循環《じゅんかん》して益々眼にわるい結果となった。全く絶望と悲観のどん底に落ちこんでしまって浮び出るすべもなかった。

その時暗夜に灯火の如く私に一つの想念がひらめいた。それは嘗《かつ》て私が十四歳で得度《とくど》剃髪《ていはつ》した時の事だ。父がわざわざ越後より埼玉県の師の寺へやって来て得度式に立会い、私は白衣を着たまま文字通り父の前に三礼して「これからは肉身の因縁を捨て世間の家を出て仏様の家に生れ変ります。今までの養育の恩、誠に有難うございました」とお別れの挨拶をし、そして頭を剃り衣・袈裟《けさ》を着けて仏様の子にしてもらったその事であった。

「そうだ!! 私はあの時以来すでに仏様にこの身を捧げたのだ。今は我が身にして実は我が身ではない、仏様のものなのだ。生かそうと殺そうとそれは仏様任せなのだ。私の眼がわるくなり手を尽くしても治《なお》らぬのも何か仏様の思召しかも知れぬ。もうくよくよ思うまい、あなたのよきようになさいませ」と投げ出してしまったのである。

そう思ってよく考えて見ると本当はそうなのである。「若し私の身体なら私の思うように成るはずす。いくら私が十八歳の若さで居りたいと思っても、年を老《と》れば顔に皺《しわ》がより頭の毛も白くなる。私の生命を支えている心臓の鼓動《こどう》も自分の意志で動かしているのではない。托胎したその時よりすでに動いていたのだ。即ち私の身体にして実は私のものではないからだ。誰れのものかといえばそれは大自然のもの、即ち仏様のものなのである。成程そうであったか」と始めて心に分かり諦めが出来た。その時私は、本連《ほんれん》の珠数をもって来ておりそれをベットの手欄《てすり》にかけておいたのであるが、思わずそれを手にとって仰臥のままつまぐって、仏様の御真言、大師の御宝号を祈るともなく心ゆくばかり念誦《ねんじゅ》したのであった。それからはなんとなく心が楽になり、夜もよく眠れた。併し眼は快くはならなかったのである。

　その内に二ヵ月もすんでもう一ヵ月入院して見よという医者の勧めであり、実はもう内心では諦らめてはいたが、その勧めに随って一応現代の医療で尽せるだけ尽して見るのも、仏様の思召しを知る道かとも思い、入院を続けた。凡そ百日余り入院した挙句《あげく》、医者も遂に匙《さじ》を投げたものか、これ以上尽すだけ尽したから退院して自宅で療養するようとの事、すでに覚悟していたので、長々お世話になったお礼を述べ、支払いもすまして、家内を呼びよせ手を引いてもらって帰る際に、灸点をおろしてもらうかと思いつき、京都に青地《あおじ》正皓《まさひろ》という灸博士がおられることをきいていたので、そこに立ち寄り、私の眼病の症状を話してそれに合うようにとて、頭や両腕や肩や背に十四の灸点をおろしてもらって寺に帰ったのである。

　両眼失明に頻《ひん》した私には寺の仕事は今までのようには出来ず、ただ朝、手さぐりで仏前に行き暗記しているお経を上げ真言を念誦する事と、朝食後、家内に灸を据《す》えてもらう事位で、ただ仰臥しては珠数つまぐって真言を心ゆくばかり念誦する事位であったが、只夜だけはよく眠れた。併し朝起きると手さぐりで窓を開けて、ああ、夜が明けたかと外を眺めるのが楽しみであった。

退院帰寺して三週間位しての或る朝の事、やはりいつもの如く窓を開けて眺めていると、畑を隔《へだ》てて五十米位離れた隣家の納屋の柱と壁の区別がボウと見えた。快くなっているとは思わず、天候のせいであろう位に思っていたが、その翌朝も、またその次の朝も見えた。更に眼をその屋根の上に向けると、瓦の波がボウと浮かぶように見え出し、さては快くなって来たのかと思い、更に家の内に眼を向けると茶椀のような光るものが見え出し、その内に畳の目が見え出して来た。快くなるも悪くなるもあなた任せと諦らめてはいたものの、快くなるのはこの上もなく嬉しいもので、退院して凡そ二ヵ月余で両眼ともすっかり快くなったのである。私はこの時二重のお陰を受けたと思った。肉眼が見えなくなったお陰でまず心眼が開けて仏様のましまず事が心に分かり、そして又肉眼も開けたのだ。なんたる不思議な霊験であろうか。私はなんともいえぬ歓喜と感謝で一ぱいであった。

私はその後六ヵ月余りはひたすら自坊で養生したのであるが、最早《もは》や再発の憂えもないようなので、山岡師の勧めもあって再び三密学園に出仕したのであるが、時たまたま日中戦争硬着して太平洋戦争に突入し、自他共にままらぬ世の状勢になって来たので昭和十八年の三月、遂に学園を退任して、専ら自坊の運営に当ったのである。

3　大師の霊示に依って胆石病を根治した

昭和十二年の春三月、養母（先住の妻）が五十八歳で逝去《せいきょ》、その葬儀をすませて一息《ひといき》休む間もなく、私はその七月末日、突然の眼病で京都大学病院に入院すること百日余り、結局医者に見放《みはな》されて退院帰寺し、その後仏様の加護《かご》で不思議にも両眼治癒したのであるが、一難去って又一難と、その翌年即ち昭和十三年の秋十一月に隣寺の実報寺住職の穐月聖憲《あきづきしょうけん》師、五十一歳で急性肺炎にかかり、突如遷化《せんげ》された。

穐月師は、私が高野山在学中、終始英語を教えて下さった恩師であり、私の家内の姉がその妻であった。当地方の有志の懇望黙《もだ》し難く、高野山中学校（今の高校）の校長であり、大学の教職をも兼ねておられたが、それをも辞して、当地丹原町の女学校（今の高校）の校長として赴任され、自坊の実報寺より通勤して居られたのである。時たまたま日中戦争ただならぬ世情から、民心策興《さっこう》のため県内各地へ講演に巡っている途中、急性肺炎にかかり急逝されたのである。

当時、松山高校一年生の長男を頭に四人の遺子あり、従ってその寺の後を一時、親族であり法類でもあった私が自然に兼務せねばならぬ事となったのである。戦時色漸《ようや》くただならぬ時なので、道安寺と実報等の両寺の檀徒の中にも戦死者続出し、国家のために身命を捧《ささ》げられた英霊に対しては、特別に気を配らねばならず、私には相当に身心を労する立場に置かれた。自然に食事も不規則になり、知らず知らずに不摂生《せっせい》が積み重なったのであろうか、たしか四十歳の五月頃かと思うが突然腹痛が起こり、しかもその痛みが腹部から背後に突きぬけるような、今までに経験したことのない疼《とう》痛《つう》であった。それは実報寺の檀徒の英霊の遺骨が帰り、それを持仏《じぶつ》の間に祀《まつ》って拝んでいる途中、突然起こったのであった。とにかく必死に我慢して遺族等の焼香をすますのを待ちかねて別室にのめり込み、衣・袈裟などをぬがしてもらってそのまま倒れるという苦痛であったのである。

少し痛みのやわらぐのを見計《はか》らって人力車で自坊の道安寺に帰り、波のひいては又押し返して来るような痛みの繰り返しに堪《た》えかねて、これはただ事ではない、と当時漸く田舎には戦時動員のため少なくなって来た医師の来診を特別に請うたのである。結局膽嚢炎《たんのうえん》で、膽石《たんせき》病の疑いありとの事であった。モルヒネの注射などして一時的に痛みをやわらげる手当てをしてくれたのであるが、結局手術せねば治らぬとの事であった。

但し内臓の手術は、今日のようにまだ進んでない時なので、それを心配した近親の伯父の勧めで手術は見合わせ、膽嚢《たんのう》内の石を溶かす注射があるときき、その道の医師に頼んで五本程注射してもらって、一時はその痛みが治ったようであったが、三カ月余りして、又起こるというような事で、屢屢《しばしば》それを繰り返し、手のつけようがなかったのである。

ある日の夜中に突如又その痛みが起こった。私はそのままうつ伏せに臥し、両膝をまげて腹を押し、毎度の事なので、家内を起こすのもどうかと思い、唯心中深《しんちゅう》くお大師様の御宝号を誦えてじっ!! と我慢をした。稍々《やや》治まって来たのでフト顔を上げると枕もとに俗に『赤本』とて『実際的看護《かんご》の秘訣《ひけつ》』なる赤い表紙の部厚い本が置いてあった。これは元海軍々医の築田《つきた》多吉《たきち》なる人が書いたもので、あらゆる諸病の原因や病状など詳しく説かれており、その治療法なども一々書き添えられた重宝《ちょうほう》な本なので、かねて一冊を購《あがな》い求めていたのであるが、今その本が偶然枕もとにおいてあったのである。恐らく家内が出しておいたものかと思うが、それが今改めて私の眼についた。そこで電気スタンドの灯を明るくして胆石病のところを披《ひら》いて読んで見たのである。

胆石病とは、肝臓から胆汁が分秘して十二指腸に通ずるその胆道の中途にある嚢《のう》で、そこに胆汁がたまっている間に石に結石する。その石が胆道を通って腸に出る場合に痛む苦しみで、腹痛の中の最たるものである。実に脂汗《あぶらあせ》のにじむような痛みとの事で仮りに石が出てしまっても、又手術して石をとりのけても、その後へまた結石してそれを繰り返し、その内に余病も併発して死に至る者が多いとの事であった。

結局それは結石するような体質より来るので、その体質を改善する外に根治の道が無いとの事なのである。いつしかこのようになってしまった私の不摂生を後悔しても、もうとり返しがつかないのであった。

ただ体質改善には断食《だんじき》するより外にない。ところが断食は仲々難行で、仮りに七日間断食するにしても、その前の三日間位より準備にかかり、お粥《かゆ》よりやがて重湯《おもゆ》、そして正味断食七日間、その後また重湯よりお粥と漸次に元へもどす。このような断食も少くとも三回位せぬと体質改善は出来ないとのことであった。私のようなものには到底この断食行は出来そうもなかったのである。

ところがその次に、若し断食の出来ない人は、ベンネット式健康法がよいとその『赤本』に書いてあり、これはアメリカのベンネット氏が編み出したもので一種の体操である。そしてその体操の仕方が、図を参照して詳しく書いてあった。私はこれより外に救われる道なしと思い、その方法を一生懸命に覚えたのである。

それは大体仰臥《ぎょうが》のまま出来る。ただその前に大小便をすますのと、少なくとも食後二時間位は経過してでないといけぬという事が、注意の点であった。要するに仰臥を基本としての手や脚を屈伸したり、頭部を曲げたりまわしたり、又腹部や腰をたたいたり曲げたりするような、いくつかの体操である。よく覚え込めば十分間余りで出来る。結局内臓の各部から四肢の末端に至るまで、血液の循環をよくすることをねらったものではないかと思われる。

私は毎朝掛けぶとんをはねのけて、大小便をすました後、寝巻きのまま仰伽してそれを一通りすましそして夕方も空腹時にそれをすることにした。一、二年は日に二回くり返えし、その後は毎朝一回だけにして約四十年の今日までそれを続けているのである。それを始めてからは、知らぬ間に体質改善が出来たのか腹痛は忘れたように起こらなくなり、そればかりでなく肩の凝ることも忘れ、内臓の病気など全く治ってしまった。ただ余りに内臓が丈夫なので、六十五歳を越えた頃から知らず知らずに食べすぎたのか、妙に肥満して来て血圧が高くなったが、これは私の不覚と気づき、謹しんで仏様に懺悔して飲食をつつしんだので大事には至らず、今日の健康を保持し得て、仏道に少しでも精進出来る身の上を感謝して今に至っている。

家内もまた、私がいつも毎朝起きる前にベンネット式健康法をやっているので、自然にそれをまねて覚え行うようになり、どちらかといえば蒲柳《ほりゅう》の質であるが、大病して寝るというようなことなく、よく私を今日まで支えてくれているのである。

全くお大師様を念じてその本を披《ひら》き、そしてその中のベンネット式健康法は、瑜伽《ゆが》行法を行ずる上の身心鍛練《たんれん》法として、私にお大師様が示し給うた法として有難くいただいている。尚、私は老齢のためか昨今坐《ざ》骨神経痛《こつしんけいつう》になり、脚部がひきつったり、しびれたりし、長途の歩行には困難を感ずるのであるが、そこでそのベンネット式健康法の上に三つばかり脚部や腰部を伸ばす運動をつけ加えて老骨に鞭《むち》打ち余生を仏道に捧げて行きたいと念じているのである。

4　真別処道場に電灯を架設せる因縁

私が四十歳を超えた頃は、すでに太平洋戦争に突入して戦局いよいよ硬着《こうちゃく》し、日々に敗色濃く、私は九州の炭鉱へ徴用工として行かねばならなくなり、当時村長であった檀徒総代《そうだい》の武田筆吉氏が、それでは寺が留守になって困るというので、五ヵ村合併の明神《みょうじん》青年学校の教員不足を補《おぎな》うため就職することを勧められ、私も自坊の道安寺と兼務寺の実報寺の二ヵ寺がとにかく守れる方便にもなるので、暫時《しばらく》教職に身を置くことにした。とはいえ授業は朝の一時間を修身公民科の講義をするだけで、後は生徒をつれて食料増産のための開墾《かいこん》や、山に入って材木を切り出す等、誠に不慣れな事ばかりではあったが、ただ農業指導専門の先生が居って、生徒ならぬ私も藷《いも》や小麦や大豆や南瓜等の作り方を習い、結局終戦後の翌年三月までの前後二ヵ年の就職は私にとっては大変よい経験になった。

戦後間もなく、私は戦時中に村の翼賛《よくさん》壮年団長をしていた廉《かど》で一切の公職追放となり、ただ寺からの追放をまぬがれただけとなった。そこでひたすら寺族のための食料増産に心血を注ぎ、青年学校時代の経験を百パーセント生かして、境内地続きの一反歩余りの畑は元より、境内地の隅々まで開墾して穀物や藷や野菜を作った。忽《たちま》ち本堂の縁は麦や大豆の干場と変り、コンクリートのたたきは藷や南瓜の置場となり、我が寺ながら誠に憐れな様相を呈したのである。

昭和二十一年春より長男は高野山大学に入り、長女は今治高等女学校の二年生に進み、これだけあればなんとか二人の子供は学校を卒業させられる——と倹約して蓄《たくわ》えていた貯金も、貨幣価値の変動から一ヵ月の学費にも足らなくなり、その上少しばかりの定期貯金も封鎖せられて手がつけられず、その上戦後の農地開放で所有田畑は皆無となり、全く窮乏《きゅうぼう》のどん底に陥《おちい》ってしまった。併し我が寺だけでなく、また我が身だけでもない、自他共々の苦労だからか今までしたことのなかった借銭にも慣れ、虎の子のようにしていた骨董《こっとう》品も二足三文で売り、終《つい》にはとっておきの衣類まで出して食料や学費に換える始末で、いわゆる筍《たけのこ》生活にも平気になった。

その内に田舎は貧富所を変えて、小作人であった人がそのまま土地を所有し、米の暗売りなどして皆家を建てかえ、都会からの疎開《そかい》者もそのまま田舎に居つき、海外よりの引揚者も続々帰って来るなどして急に人口が増え、新しい家が次々と立ち並んで来た。寺だけが何んとなく見すぼらしくなり、誰れいうとなく、お寺をなんとかしてあげねばという機運となって来た。勢い藁葺《わらぶき》の庫裡《くり》がまず改築されて二階建て瓦葺《かわらぶき》きに変り、仮本堂も裏に一棟増築して内部より広げるようになり、その際に何十年かに一度の本尊薬師如来の開扉《かいひ》供養を奉修したのが、昭和二十四年の春であった。戦後の立直しも着々と進み、衣食住にも漸《ようや》く安定をとりもどした頃、長女は高校を終えて銀行に勤め、長男も二十六年九月には大学を卒えて帰り（旧制と新制とが同時卒業となるので半年早めたから）直ちに新居浜中学校に就職した。ささやかながら寺内は一応整備し終り、夫婦仲睦じく二人の子供も成人して夫々に職に就き、漸く経済的にも平安を取り戻し、親子兄妹水入らずの生活に帰ったのである。

外から見れば一番落着いた幸福な時であったのであろうが、私の心中には何かもの足らない別の想念がわいて来た。嘗《かつ》て御来迎《ごらいごう》問題に困り、不動明王を拝んで不思議な加護をいただいており、両眼失明に瀕《ひん》して仏を念じそのおかげで開明し、又胆石《たんせき》病の苦痛からも救われ、戦中戦後の困難もどうにか切りぬけて来て漸く我が身の安泰を取りもどしたが、このようにその度毎《たびごと》に加護して下さった何ものか、眼には見えないが必ず在ますその力――仏天の加護のその本質は、どのようなものなのか、もっと深くその光りを仰ぎその肌えに触れて、この身にそれを確《たし》かめずにおれないとの止むに止まれぬ念いが湧然とわいて来た。齢《よわい》漸く五十を越え、体力も未だ衰えてはおらない今この時期を逸《のが》しては、一生悔いても取りかえしがつかなくなるであろう等々と考えると、夜も眠られず矢《や》も盾《たて》もたまらぬようになって来た。そのためには身辺の雑事を一時放下して閑処に就きひたすら思索と瞑想《めいそう》に心をひそめ、三密瑜伽《ゆが》の行法《ぎょうぼう》に専念することを措《お》いては外に途がないのではないかなどと、思いかく案じつつ、ひそかに模索していたのであった。

そんな時、高野山の蓮華定院住職で本山の法会部長を勤めていた添田隆俊師より、真別処《しんべっしょ》へ出て来ないかとの誘引があった。

真別処は高野山の山奥の一軒寺であることは、私も嘗て在学時代に知ってはいたが、聞けば戦前戦後は住むに人なく狸狸《こり》の住家になって荒れはてているとのこと、電灯もとりつけてなく日常生活にも困難な処ときき、私も一度は躊躇《ちゅうちょ》し家内らも私の健康を心配して初めは反対であった。私の大学時代の恩師である金山穆韶《ぼくしょう》師が本山管長となり、真別処を瑜伽行法の修行の道場にしたいと願われ、誰れかよき主任をと探しておられたが、私の事を思い出されて殊にその要望が強いとの事、私も随分考えたのであるが、却《かえ》って家財や道具の散逸して何もない処こそ、その維持などに心煩わされず、ひたすら拝むことに専念出来ると思い、遂に行くことを決意したのである。

家内の者も、私の決意のゆるがぬのを知り、不承不承仕度《ふしょうぶしょうしたく》してくれたので、身のまわりのものを調《とと》のえ単身赴任したのであった。時に昭和二十八年九月、五十一歳の秋であった。尤《もっと》もこの時は、実報寺の方は長嗣敬吾師すでに成人して後を継ぎ、道安寺の方も淳弘が学業を卒えて帰っていたのではあったが……。

九月十四日に高野山に登り蓮華定院に一泊して旅の疲れを休め、翌日添田師につれられて金山管長猊下や、中井竜瑞宗務総長に挨拶し、真別処維那《ゆいな》、兼事相講伝処《じそうこうでんしょ》主任の辞令をいただき、併せて伽藍の大塔と金堂の行法師も兼ねるよう任命された。本来ひたすら行法を拝みたい一念で高野山へ登った私には何よりも有難いことであった。

そしてその翌日、即ち十六日に添田師につれられて真別処へ入ったのである。熊谷寺《くまがいじ》と恵光院の間より奥へ通ずる山道を行き、巌磐をジグザグに登って弥勒峠を越え、下って往生院《おうじょういん》谷に添うて右に数丁行くと橋を渡って昼尚暗く樹木の茂った参道を抜け、中国風の楼門をくぐると稍々開けた所に真別処の本堂があり、右に客殿や会下《えか》等が建っていた。屋根は葺きかえられて雨漏りは防がれ、座板は補強されて室の大部分には新しい畳が敷かれていたが、この八月の台風雨の被害を受けて、裏の谷合いより多量の土砂流れ出し、まず裏の倉庫をつぶし床下をくぐって表庭に流れ出し、前の倉庫もそのために傾いていた。大分の荒れ様ではあったがとにかく上にあがって、まず本堂にお参りすれば正面の須弥壇上には本尊の釈迦如来や虚空蔵菩薩《こくうぞうぼさつ》や弘法大師の尊像等厳然とましまして、その正面の板間には三壇構えに大壇並び、真中の壇には宝珠《ほうしゅ》型の塔と一面器が荘厳されていた。脇室の壇には不動明王ましまし、前に護摩壇があった。但し左右の八祖壇には、八祖大師の尊影はぎとられてなく、その背後の壁の十二天の尊影も心なきものに、はぎとられたままであった。戦前戦後の数年間の人の居らなかった時に、どこかへもって行かれたらしい。

高野山の建物はすべて軒が深くて中が暗い。私は眼を病んだことがあるので、どこか明るい室をと探す内、客殿の裏に突き出た般若窟《はんにゃくつ》と称する一棟のとりつきの二室が比較的明るいのでそこを選び、奥の六畳には荷物をおき、前の四畳半を居室にして、窓に向って机をおいた。

当時、真別処には浦上智晴師（現成慶院住職畬野智晴師）が居って高等学校に勤め、山崎泰広師（現種智院大学教授）は大学生で学校に通い、外に井苅《いかり》君という東北出身の金山管長の弟子が居って炊事や雑役を受持っていた。

これらの三人に私を紹介しておいて添田師は間もなく帰り、いよいよ私は真別処に住む身となったのである。

谷合いの山寺には秋の日暮れは早い。台所で井苅《いかり》君がゴトゴトと炊事の仕度をしているようなので出て見たら、広い板間の台所にいくつかの竈《かまど》が並んでおり、流しとの間をローソク片手に鍋をさげてあちこちしている様子。ランプはあっても故障で使えずローソクで明りをとっているとの事、私はこの時、アー!!　電灯が欲しいなあ!!　とつくづく思った。やがて暗い台所の一隅でローソクの明りで四人向い合って夕食をすまし、外の三人は会下《えか》の自室に引上げて行った。私は独《ひと》り奥の部屋に落ちついて、さてこれからどのように歩み出して行くかを暫《しば》らく思案したのである。

とにかく下手《へた》な考え休むに似たりで、今夜は先ず本堂に入って仏様を拝もうと思って、衣・袈裟をつけ、携《たずさ》えて来た電池で照しつつ本堂に入り、油の一灯をさがして、昼間拝んだ不動明王の壇上に灯し、香花を調《とと》のえて不動法を修し、心ゆくばかり一座の行法を拝んだ。その表白《ひょうはく》の所で「弟子英光、縁あって真別処に三密瑜伽修行の道場を開設するために参りました。何卒哀愍《あいみん》加護して所願《しょがん》を成就《じょうじゅ》せしめ給え。今時電灯が無くては困ります。なんとかして電灯を灯して下さい云云」と泣くような思いで祈願し、行法をすまして本堂の前椽に出れば、正しく旧八月十五日夜の、月中天にかかりて雲一つなく、あたりは森閑としてただ谷川のせせらぎのみ聴こえる。私は暫し我れを忘れて常寂光の中にひたった。これ我が願いの成就する吉相と拝して自室に帰り、真別処の第一夜を迎えたのであった。

その翌日より早朝に起きて、まず本尊釈迦如来の前で理趣経法を拝み、その表白の所で前夜の如く願いを凝らしたのである。そして大塔と金堂の行法師をも兼ねたので、十時過ぎより伽藍壇場に行き、まず大塔で理趣経法若しくは不動法（金山管長様が大日如来の前に不動明王を安置して時々護摩を修しておられたので）、金堂では薬師法を拝み、尚、南院前の金輪塔は大塔の行法師が兼ねて拝むことになっているとの事なので、七日間に一返は峠を越えて金輪塔へもまわり、金輪仏頂法を行じたのであった。雨が降っても風が吹いてもこの一事だけは欠かさなかった。これ等の行法は、毎座が一《いち》期一会《ごいちえ》の必死の念いで拝んだ。そしてその表白の所では「弟子英光　受け難き人身《にんじん》を受け幸いに遇《あ》い難《がた》き密教に遇えり、願わくは大師の実証し給いし密教の真実義を、我れも亦実証仕り度く、哀愍加護し給え」と祈願し、尚真別処に電灯をとりつける事も併せ祈願したのである。

往復一里半（六キロ）に余る山路を、毎日下駄ばきで通うのはとても疲れるので、行法衣は頭陀《ずだ》袋に入れて首にかけ、白衣と改良服は紐《ひも》で裾《すそ》をからげ、雨靴（レインシューズ）を白足袋のままはき、金剛杖をついて、晴雨にかかわらず往復したので、雨靴《あまぐつ》僧正の異名をつけられたが、身体の健康と行法の持続のためにはかえられなかったのである。

さて電灯の架設に就いては、ただ仏様に祈るばかりで手を拱《こまぬ》いていたわけではない。どれ位でとりつけられるか専門家に頼んで見積ってもらったら、その当時のお金で三十万円かかるとのこと。そこで真別処の信徒総代を訪ね、真別処維那として赴任せる挨拶をすると共に、電灯の話を持ち出した。ところが真別処には電灯はつかぬものと諦めよという。それはずっと以前に、真別処をある事業会社の夏の憩《いこい》の場に提供せよ、それなら会社の方で架設してやるとの事であったが、それでは会社にとられてしまうというので、立ち消えになった。それで真別処には尋常《じんじょう》の手段では電灯はつけられないというのである。本山でその三十万円を前借りしてとりつけたら、と交渉して見たが、本山はすべて合議制なので、必らず返済するという条件が調わないと不可能との事で、全く八方ふさがりであった。

そこでなんとかして真別処護持会を結成して、何人かの賛助会員を募《つの》り、毎年一定の会費を集めて返済するという事にして、借りるより外なしということになり、大体その趣意書と会則の草案を作り、とやかくしている内にその年も年末に迫ったので、正月は自坊に帰って迎え、翌年からそれの実働にかかる事にしようと思って、暮れの二十六日に自坊に帰ったのである。

さて正月も三ヵ日はすみ、五日頃に本山の添田師より部厚い手紙が届いた。もしや真別処に不時の事故でも起こったのではなかろうかと、内心胸さわぎして急いで披《ひら》いて見たところ、「貴師が平生祈ってくれていたおかげで真別処に電灯がつくようになった。喜んで登って来て慾しい云々」との事であった。その内容は

「暮れの十二月二十八日は南院の波切不動尊の縁日で、金山管長様を迎えて護摩供をお願いし、その後で管長様をかこんで何人かの篤信者と会食した。その席で管長様より『真別処にどうしても電灯をとりつけたいと主任が苦心している。真別処は真言行者の大事な修行の道場なのだが、不便な地に在るため今だに電灯がない』との話が出て、それが話題になった。その席に居合わせた竹野仁恵尼がそれをきき『三十万円でそれが出来るのなら私がそれを寄進しましょう』と申し出があり、早や現金を送って来て本山で預っている云々」

との事であった。

私はただ涙がこみ上げて仕方がなかった。有難いとも嬉しいともなんともいえぬ感激であったのである。私は直ちに真別処に戻ったのであるが、ところが一難去って又一難で、関西配電会社では、人家が何軒かあるとか、何か大きな生産工場でもあるとかならともかく、山中の一軒寺位には貴重な電力を頒《わ》けられないとの事、そこで

「一軒寺でも真言行者の修行の道場で、生きた人材の宝を養成する処だから」

との管長様の嘆願書を出してもらってそれで解決し、又当時三十万円の工事では、橋本の出張所位では資材の提供は出来ないとの事、その方は本山当局が折衝してくれて始末がつき、遂《つい》にその年の八月に十数本の電柱が山を縫《ぬ》うて立てられ、待望の電灯が五十二灯とりつけられたのであった。

その頃すでに真別処には何人かの修行者が居って早朝暗い内より四度加行等やその他の修行が行われており、一同の喜びこの上なく、実に暗夜に灯火を得た喜びとは実にこの事であった。ただ真別処護持会の発会は、すでにその目的が達したので中止した。

これらの事はひとえに仏天の加護《かご》であり、大師同行二人の御誓願《ごせいがん》の照覧《しょうらん》し給うところと、八十二歳の今になっても思い出しては、老眼をしばたたいているのである。

5　薬師如来を勧請した不思議

仏様には、なんでも困った事や、こうあってほしいと思うことは、まず真心《まごころ》からそれをお願いするのがよろしく、こんな無理な事を頼むのは失礼になりはすまいかなどと遠慮するのは却《かえ》って他人行儀で、いわゆる継子《ままこ》根性ともいうべきもの。仏様は真実のみ親と信じ仰いで素直に頼むのがよいのではないか。これについて、私が高野山の山奥真別処に入ってから二年余りもして、漸くその環境にも慣れ、簡素な生活も板につき、また毎日何座か拝む三密瑜伽《さんみつゆが》の行法も楽しくなって来た頃に、或る日お薬師様の仏像を見て妙にほしくなり、そしてそれを不思議な因縁から手に入れた霊験実話をしよう。

高野山小田原通りに「吉田」という古い仏書や仏像などを扱う店がある。その店頭のショーウインドウの中に、御身丈《みたけ》一尺（三十センチ）余り、光背《こうはい》・台座も加えて一尺五寸（四十五センチ）位のお薬師様の坐像が出ていた。そのお顔といい、お姿といい、如何にも端正でしかも慈悲《じひ》に溢《あふ》れていて神々しく妙に私の心を吸いよせたので、私は思わずその前に立ち寄って暫《しば》しその尊容に見惚《ほ》れた。毎日伽藍壇場《がらんだんじょう》の大塔・金堂の行法《ぎょうぼう》に行くのでその前を通って往き来する度毎に、足をとめては拝《おが》む

薬師如来像

のであるが、相変らず厳然と鎮坐まします。遂にはそれをほしくなったのである。とにかく売物に出ているのであるから、店に入って値段をきいて見たところが、壱万五千円という。しかも、店の主人は鎌倉時代の名作だというのである。その当時の壱万五千円は、私にとっては相当な大金なので買い求めることは諦らめた。併し毎日行法に通って拝む毎に益々ほしくなり、遂に思案余って、前々より縁故のある三宝院の閑栄覚《せきえいかく》前官に借りようと思って一旦玄関に入りかけたのであったが、併し借りれば何れは返さねばならぬと思うと躊躇《ちゅうちょ》して脚が進まなかった。我れながらこんな無理勝手な事を!!　と思いつつも、「どうか人手に渡らぬよう、この店のショーウィンドウの中にいつまでも居って下さい、そうすれば毎日の往来《ゆきき》に拝めるから」というような事を、金堂で薬師法を拝む都度、その表白《ひょうはく》祈願のところに加えて拝んだのである。

何故にお薬師様にこのように引かれたのかというに、その当時の私の自坊道安寺の本尊が薬師如来であり、金堂での毎日の行法も亦薬師法であったからであろうか。

さてそのようにして約十日余りも経た或る日の事、それは六月初夏の高野山では青葉薫風の最も好時節であったが、真別処へ一人の婦人が訪ねて来た。生憎《あいにく》私は加行者《けぎょうじゃ》にお授けをしていたので、取次ぎの学生に「今お授け中だから三十分程待つように」と伝え、そのお授け事がすんでから玄関に出て見たら神妙に待っていたのである。真別処には玄関に応接室というようなものもなかったので、奥の私の居間へ通し、炬燵《こたつ》の炉をそのまま火鉢代りに炭火を入れ薬鑵《やかん》をかけた誠に簡素な所に座布団を出し、渋茶を汲んで、初対面の挨拶をしたのである。

見たところ、年頃はすでに四十歳を超えておるかと思われ、蒼白《あおじろ》く痩せ型で眼だけは鋭く光っており、何か煩みがあるような風情であった。名は伊東秋子といい、大阪の福島に住み、喫茶店などで使うコーヒーや紅茶などその他の資糧を卸す店を営み、十人余りの店員を雇っている女主人らしく、従って何かと経営上に於いて煩みがあり、高野山に登って誰れかに心中をきいてもらいたいとの事であったが、結局どこかで私の事をきいて、真別処へわざわざ訪ねて来たとの事であった。

まずその第一問が

「『仏様は、善《よ》い事をすれば善い報《むく》いがあり、それと反対に悪い因を積めば悪い結果と成る』とお説きになっているが、実際に世の中には、善い事をしておりながら案外に不幸が続いたり、又悪事を働きながら割合いに仕合せな人が多い様に思われる、それはどうしてですか……」

というのである。それに対して私は大体次のように答えた……

「人生はオギャーと生まれて七十年か八十年生きて死ぬ、それだけと思えばあなたのような疑問も起こる、ところが人生はそんな短いものではない。それは生まれ変わり死に変わり――いわゆる輪廻《りんね》転生《てんしょう》しながらいつまでも続くのです。そればかりでなくこの世では地球上に生まれていても次に生まれ変わる時は、どこかの天体に生まれ変わるかも分かりません。凡《およ》そ大宇宙生命の中に在《あ》って、此処に死んで彼処《かしこ》に生まれ、かくて生まれ生まれ、死に死んで果てしがないのが生命の実相なのです。従って前の世で積んだ功徳がこの世で漸《ようや》く報いて幸福を招く場合もあり、この世で悪業を積んでいてもそれがこの世では報いられず、次の世に成ってから顕われるということもあります。この世だけの事を見ても、それは長い生命の流転《るてん》の中の一齣にしか過ぎません。それは一切を見通し、永遠を照覧《しょうらん》し給う仏様の知見《ちけん》に於いてのみ解《わか》る事なのです。仏様はそのようなお見通しから『因果の道理』をお説きになったのです……」

というような事を話して、先方には稍々得心が行ったようであった。

その他色々な質問があり、私なりの返答をしたのであるが、最後の質問に、開いた窓の外に木の株《かぶ》のころがっているのを見て

「あの株《かぶ》もあのままなら足蹴《げ》にされたままで終るのであろうが、もし一度それに仏像が彫《ほ》られると、皆から仏様として拝まれる。なぜか仏様というものがどうも私にはよく分からない」

というのである。そこで私は

「奥さん!! 真実の仏様は、実は私達の住居しているこの宇宙世界それがそのまま生きた仏様なのです。天地のすべてを内に包み、それらを限りなく生み出しつつ、生き通しに生きている大宇宙生命!! それが実は本当の仏様なのです。私達の肉眼ではあまりに大きく又深くて見通しは出来ないが、厳然と実在して居られるのです。その仏様の生命の内容は神秘不可思議で、実に種々様々であるが、とにかくすべてを内に包み生かしている愛と、無数の個体に分かれて互いに助け合い影響しながら、各々個性を生きている智慧と、無数に分かれて居りながらも実は唯一絶対の平等の価値を具《そな》えており、各々に自分を創造しつつある撓《たく》ましい実働の力を生きている。それらの性質の一つ一つが木や石や金《かね》の上に彫られ、画布に描かれて種々様々の仏様となっているのが所謂木仏、金仏、石仏や画像のお姿となっているのです。したがってこれ等の仏像は最早や単なる魂の抜けた偶像ではありません。それは芸術家が勝手に創った作品と思われるかも知れませんが、本来をただせば、生きた本当の仏様が芸術家の心を動かして自らの姿を表わし給うたと仰ぐのが本来の見方ではありませんか。それは正真慈悲《じひ》の御姿を、木や石や金や、又画布の上に自らを顕《あらわ》し給うていると仰ぐべきではありますまいか。

そのような仏様のみ心がそのままに見現《ぐげん》された仏像が、高野山には古来より沢山ましまします。中でもそのような仏像を、私はこの頃朝夕にいつも拝んでいるのですよ」
と答えた。この仏様の話に余程感じた様子であったが
「あなたの拝んでいるその仏様は何処《どこ》に在《あ》るのですか、私にも拝まして下さい」
という。そこで私は
「それは此処ではなくて実は『吉田』という店に出ているのです。私は伽藍《がらん》へ往《ゆ》き来する毎にいつも拝んでいるのですよ」
と答えた。
「是非その仏像を私にも拝ましてください」
というので、私は吉田店へ連れて行き、
「これが私の拝んでいる仏様です」
とその薬師如来を指した。ところが伊東さんは
「是非その仏像を買わせて下さい。そして貴僧の身辺に祀《まつ》って終生拝んで下さい」
という。私は
「そのつもりでお連れしたのではないから、決して心配せぬように」
と固辞したが、

「今日の法話で年来の疑問や煩みが晴れました。せめてその御礼に是非買わせていただきたい」とて、早速壱万五千円を払って、その仏像を私に買ってくれたのである。

よもや私の手などに入るとは思ってもいなかったその仏像が、現に今私のものとなって、両手にしっかり抱かれている。誠に夢のような話だが、夢ではなく現実に所願《しょがん》が成就《じょうじゅ》したのであった。

私は伊東さんとその店先きで訣《わか》れたのであるが、その後御礼状をと思って手紙を二三返出しても返事がなく、返戻されない所を見ると先方へ届いているのに違いない。又大阪に下山した途次、立ち寄っておお礼をいおうかと思ったが、何か女一人で店の経営をやって居られるような様子なので、無躾《ぶしつけ》と思って、行く事を遠慮して今日に至っている。全くたった一度の出合いであった。なんだか薬師如来の尊像が、私の願いをきいて、私の所へ来て下さるための善巧方便《ぜんぎょうほうべん》であったような気がしてならぬのである。

私は、その尊像をそれ以来、私の身辺に祀《まつ》って、その後、奥之院・伽藍・金剛峯寺へと住居を移す毎《ごと》に、念持仏として奉持し、本山の勤務を終えて自坊に帰っても、その仏像だけは持ち帰って、道安寺本堂の、本尊、薬師如来の前仏として奉安し、今も尚拝んでいるのである。

6　亡霊の障りより救われた話

A　金堂の縁に於いての事

お大師様のお書きになった『十住心論《じゅうじゅうしんろん》』の第一に、凡《およ》そ人間社会の諸病（身心病）は四大不調と鬼と業より起ると説かれ、その中で四大不調の病気は地水火風の四大とて人間の身体を構成している四つの栄養素のバランスのくずれより生ずるもので、この方は医薬と密法の両々相待って治る。しかるに鬼病の――その鬼とは執念をもっている霊魂の事で、その執念の特に強いものを餓鬼《がき》といい、その執念を晴らしたい余りにこの世に居る者の誰れかに憑いて晴らそうとする。その時憑かれた人はなんとなくわけの分からぬ病気となり、又憑かれた社会には次々と不時の災難が起る。又業病とは、前世に於いてすでに病気になるような因縁《いんねん》を作っており、それがこの世に於いて現われて身病となる。これらの三つの原因より起って来る病気は、人間社会の続く限りいつまで経《た》っても絶えない。四大不調より来る病気に対しては、医薬と密法との両々相待って救われ、鬼病と業病とは医薬では根治せず、ただ法に依って霊の執念を解消し、業の内容を転じて始めて治る……と説かれているのである。

このような鬼病に冒された娘さんを、加持して救うことの出来た霊験実話を一つだけしよう。

私は高野山の真別処に五年余り居って漸《ようや》く真別処道場が活気を呈し、熱心な求道者《ぐどう》が次々と集まって来て、三密瑜伽《ゆが》の行法の日夜に修行されるような気運を醸《かも》し、それが世間の注目をも浴びるようになって来た時、突然私に奥之院維那《ゆいな》として転勤するよう本山上局より内命があった。荒廃した真別処をとにかく復興した功績に対して、世間並みにいうと栄転ということに成るのかと思ったが、何しろ真別処にはその時四度《しど》加行《けぎょう》の行者が十数人も居って未だ結願しておらず、誰れかよき後任者を早く選んでもらわぬとそのままで転勤するわけには行かないと、一旦は辞退したが許されず、結局暫時奥之院と真別処とを兼任せよとの事であった。従って私は奥之院に二日居り、一日は真別処へ出て行くという事にしていたが、どちらも大事な所で倒底兼任などの出来る処ではないと思い、私の法友である武田瑞行師を推選して真別処維那に任命してもらい、漸く私は奥之院維那に専任出来る身となったのが、昭和三十三年六月であった。

奥之院は、人も知る弘法大師御入定の廟所で、大師は、後世の衆生の生きる上につき纏《まと》う苦難を永く救わんとの、やむにやまれぬ同行二人の御誓願から御年六十二歳、未だ健《すこ》やかな御身のまま御入定なさり、その定身を留め給うている処、大師御入定の悲願に縋《すが》ってその救いにあずからんとするもの今も尚踵《くびす》を接して絶えず、昼夜不断に香烟縷々と立ちのぼり、世にいわゆる大師信仰の中心地であることは申すまでもない。維那としておそば近くに仕える身は、まず己のが身心を潔斎《けっさい》して誰よりも早朝に起き、灯籠堂に上って廟前に三密瑜伽の行法を修し、ひたすら大師御入定の悲願に添うて庶民のために真心こめて祈願し奉ることに精魂を傾けたのであった。

たしかそのようにして二年余り経た昭和三十五年の五月の事であったが、本山では毎年の春の恒例法会の最後に、伽藍《がらん》の金堂に於いて五日間結縁灌頂《けちえんかんじょう》の壇を開くことになっていた。結縁灌頂というのは、分かり易くいえば仏様と親子の縁を結び、その名のりをする密教独特の法儀で、一般在家信徒を次々と入壇させてその法味に浴せしめ、利益《りやく》を受けてもらうためのもので、遠くは大師御自身も、高雄山寺や東寺や高野山でも開壇しておられるのである。私もまた、真別処に居った時からではあるが、毎年の五月の結縁灌頂には、法会部からの要請でいつもそれに出仕したのである。

私の役はいつも加持所で、結縁灌頂の壇に入る前に、まず受者を金堂の外陣《げじん》の大広間に何十人か集めて、洒水《しゃすい》加持して、所謂懺悔《さんげ》、三帰《き》、三竟《きょう》、十善戒等のお授けをし、管長様の御《ご》親諭《しんゆ》を代読して、その後で二十分ばかり結縁灌頂の意義を法話する、それがいつも私の担当であった。

この時も開壇初日の朝、受者の第一回目を約七十名余り、外陣の広間に入れてお授けや法話をすまし、後は入壇の係りの人に引継いでもらって、私は控え室で一休みしていた。ところが法会にアルバイトの奉仕をしている大学生の一人が息せき切って私の処へやって来て、

「先生!! 大変な事が出来ました。今の一組の中に娘さんが一人居て、急に身体硬直してガタガタふるえ出し、とても入壇など出来ません。とりあえず外縁の西北の隅の勾欄《こうらん》につかまって立っています。附き添っている母親かと思われる人より、お加持をしてくれとの事です。よろしく頼みます」

との事であった。私は取るも取りあえず

「洒水《しゃすい》器と五鈷《こ》杵《しょ》を持って来るように」

と命じて、そこへ行って見たところ、身体をわなわなふるわして立っている。年の頃は二十歳前後と思うが、顔も身体も硬直しているようなので、とにかくその場になんとか坐らせて、その前に中啓(扇子の半開きもの)を広げ、その上に五鈷杵をおき、別に洒水器と散杖《さんじょう》をおいて「御加持《おかじ》」を始めた。ぐるりには何事ならんと参詣の人が大勢垣をなして見守っている。もしこの御加持が何らかの効験が現れないとなると、私の不徳はともかくもお大師様の教法に不信をいだかせることになると思うと、私は絶対絶命の場に立たされた事を改めて知った。唯々心中深く大師を念じつつ作法に入った。私はいつもこの様な病人には「御加持作法」を以って対処して来た。「御加持作法」は除障降伏を三昧《さんまい》としておられる不動明王を本尊としており、嘗《かつ》て宮中で後七日《ごしちにち》御修法《みしゅほう》の時に大阿闍梨が天皇の玉体間近く進んで加持する秘法より出たもの、と或る名師より私は伝授を受けており、恐らく嘗ては昔お大師様もその法を修せられたものであろうか。

今また私もそれを修して加持し祈願するのである。まず護身し、地結、四方結の印明《いんみょう》を結誦して、自身並びに受者の心地を築き堅める作法をし、洒水加持をする。洒水器の蓋《ふた》をとり珠数をつまぐって水を加持しつつ、徐むろに視線《しせん》を受者に移してその心水を加持する内、稍《やや》ふるえが止まって来たようだ。加持水を受者の心頂に洒《そそ》ぎ、次に発願《ほつがん》して、直ちに道場観に入ると全くふるえが止まった。大虚空蔵《こくうぞう》、小金剛輪《こんごうりん》の印明を結誦し、召請《ちょうしょう》して拍掌《はくしょう》、直ちに辟除結界《びゃくじょけっかい》し普供養三力をして、本尊加持の三印明を結誦し、本尊不動明王の三昧に入って仏眼の印明を結び終って、珠数を摺《す》り祈願をこらしたのである。この時すでに受者の身体の硬直がとれて突然ハラハラと涙を流し、何かを口走った。附添《つきそ》うていた母親と思われる人が、

「好かった好かった」

というような声を発し、そのような仕ぐさで娘を抱きしめたのであった。そして私に向って

「有難う御座いました。実は先日この娘の姉が、婚約して互いに愛し合っていたのに、結婚寸前になって急病で亡くなりました。その姉の霊がこの娘に取憑いたのでしたが、今御加持の法力で、その霊の執念が晴れて成仏《じょうぶつ》したのです。本人がそのように口走ったので分かりました」

との事。私はホッと安心すると共に、大師の誓願空しからず、私の背後より御手《みて》を添えて下さった

ればこそ!! と心中深く伏し拝んだのであった。

三密瑜伽の法は、お大師様が生命がけで求めに求めてそれを実証し、その教理や儀軌《ぎき》の一切を真言密教として相承《そうじょう》されて我国に伝えられた御宝であり、世を調《とと》のえ人を救う法財である。しかも大師は生涯を通じてそれを精修し証得され、遂には自ら法そのものの具現者としてその三昧に入られたまま入定し給うた。それを信じ仰ぎ、行ずる者には必らず同行二人となって附き添い、その法益を現成せしめんと誓っておられる。それは曼荼羅《まんだら》の上の諸仏、諸菩薩、明王、天神を拝む何れの法であっても悉く三密瑜伽の秘法である限り、大師同行二人の悲願に洩《も》れるものはない。ただそれを信じ仰ぎ行ずる者には、いつの時代でも、それぞれの利益が現成されることを、改めて深く知らされたのであった。

B　M氏の事

M氏は、私が嘗て住職していた寺—即ち道安寺の檀徒である。私が未だ本山である高野山に勤仕していた昭和三十八年頃であるが、自坊の神宮寺に留守をしている家内から分厚い手紙が来た。披いて見るとM氏の家に、意外な事件が起こっている事が書いてあったのである。

M氏は、明治の末期から大正、昭和の初めにかけて活躍した月賦販売の漆器商の先鞭をつけた人であった。M氏の住む桜井町は、現在は今治市に編入されているが、元は独立した町で、昔から大変質の良い漆器の生産地であった。従ってその地に生まれ育ったM氏は、その漆器を販売する商売人となり、県内は元より、遠く県外に及び更に九州地方にも手をのばし、船を駆って手広く商売をしていた。紀州の黒井（今の海南市）の漆器が、桜井のそれと同じく上質なので、桜井だけの生産では足らず、黒井産をも仕込んで売りさばいて、一代にして財産をなし、まず今治郊外の自分の家を立派に立て直すのみならず、九州の熊本市にも支店を出し、九州一体にその販路を拡げていた。

このような商売熱心の余り自然に自宅を留守にしてかけまわること多く、ふとしたことから紀州の漆器の職人の妻と愛情関係を結んだのである。その婦人にすれば、夫はいつも漆器の工場に入って家を留守にすること多く、一方旅から旅へと商売のためとはいえ、家庭の愛情に飢えていたM氏との間に、心が通じ合うようになるのも無理からぬことであった。併しそれを知った職人の夫は、遂にその妻を離縁した。そこでその婦人にすればもはやM氏を頼るより外に途なく、遂に四国に渡って桜井のM氏宅を訪ねたのである。M氏はおらず、留守居をしていた奥さんが出て来たが、元より機嫌のよいはずがない。けんもほろろの挨拶で、M氏の行先きも知らさず、結局その婦人は帰るに帰れず、行くあてとてもなく、遂に桜井の浜に身を投げて死んだ。勿論M氏の家でもそれを引取るはずもなく、無念の怨みをのこした無縁精霊《むえんしょうりょう》となったのであった。

話変わって、M氏の夫人は所謂賢婦人で、気性もしっかりしており、自分は天理教を信仰してその方の教師となり、自宅に天理教の祭壇を設けて盛んに布教し所謂人助けもして、近在に沢山の信者が出来た。併し又一方では先祖からの仏壇も大切に祀って、先祖の法事追善には必ず檀那寺の道安寺住職を招いて勤めたのであった。M氏は六十九歳で亡《な》くなり、未亡人となってからは一層天理教に熱を入れ、遂に屋敷地内に別に教会所を建てて信者を増やし、近在では生神様《いきがみさま》と仰がれるようになった。

ところが昭和三十八年に、九十歳の正月を迎えてから、急に心がおかしくなって、線香の束《たば》に火をつけ頻りに仏壇の中にふりまわす。しかも夜寝ずにそれを続けるのである。それも一日だけでなく二日も三日もそれを続ける始末。今まで多くの人を助けて来た生神様といわれたその人が、突然このように変心するとはと家族も困り、遂に精神科の医師に診てもらっても、九十歳の高齢だから老耄したのだろうというて余り相手にしてくれず、どうして急にこのようになったのかと、よくよく考えて見たところ、実はかつて昔にM氏の愛人で、悲しい死に方をした婦人のあったことを思い出し、その亡霊の障りだろうという事になったのである。

もしそうなら、これは檀那寺の住職にお願いしてなんとかしてもらわねばというので、M氏の長男夫妻がわざわざ神宮寺へ私を訪ねて来たのである。

私はその時は、すでに道安寺を後資に譲って、神宮寺へ移っていたのであるが、かねてM氏夫妻とは長い間の交際があり、特に家の後を継いだM氏の長男は又大変な仏教信者で、私とは特に心安くしていたので神宮寺の方へ訪ねて来たのであるが、私は折悪しく本山の金剛峯寺に勤めて留守にしていたので、家内に詳細を打明け私に取次いでくれるようとの事であった。

私は、家内からの以上のような手紙を見てM氏の家にはそのようなことがあったのかと改めて知り、そういえばなんとなく思いあたるふしもないではなかった。そこで私はそのような愛情の悲しみで、非業の死を遂げた女の霊の成仏するような法名を「慈光院転生愛染大姉」と附け、位牌を求めてそれを書き、併せて本山には屛風型《びょうぶがた》の法名記入のお札《ふだ》もあるのでそれにも書き込んで、開眼し供養して、それをM氏宅に直送し、それを仏壇に祀ってよく供養するよう申し送ったのである。

ところがその事があって以来、M氏の老夫人の障りはとれて、眼が醒めたように快くなり、再び天理教の生神様として人助けをするようになった。その後私は昭和四十年の秋に本山の役職を辞して神宮寺に帰ったのであるが、M氏夫人より、信者を連れて天理教本部へ団体参りをするから是非私にも同行せぬかとの誘いを受ける程であった。

その後老夫人は九十四歳の高齢で、眠るが如く逝去し、その葬式には、私が導師として臨んだのであった。

C　K氏の家の事

私がやはり、本山である高野山に勤仕していた昭和三十八年頃の事である。たしかその秋頃であったか、或る一人の五十歳位かと思える背広服を着た、但し頭髪を短くかりこんだ一見田舎の質朴な紳士が、金剛峯寺へ訪ねて来た。要件は

「霊の問題についての私の話を聞いていただき、御指導を仰ぎたい」

との事であった。そこで受付では誰に会ってもらうかとの事で、当時本山に赴任していた私が会う事になった。このような用件は、人の出入りする応接室ではよくないと思い、私の自室に案内して渋茶を出し「さて」と承ったのである。その人は兵庫県氷上郡山南村のK氏であった。

以下K氏より直接承った話である。

K氏の祖父をDという。Dの世持ち盛りは明治の中期から大正の頃であったが、その当時の山南村に村有の石灰山が入札で売りに出た。そこで、村人の何人かが入札したが、その一番札はMであった。然るにMは四十歳を超えているのに独り暮しで定職なく、所謂「遊び人」であったので、村人がMに山をやっても支払いもしてくれないだろうとて、相談の結果二番札のDに売ることにした。Dは相当な資産家で、その上村の区長までした程の信望もあったから誰もそれを当然の事としていたのである。Dはその山を開発してそれが成功し、相当の富豪となり、自分の家を立てかえると共

に、その側に新宅家も立ててやり、村にもその資産を寄附して益々衆望を集めていたのである。」

ところがそれを恨んだのがMであった。

「自分が一番札であったのにもかゝわらず、Dがそれを横領した。それであのように資産を増《ふや》し衆望をも克ち取った」

と、一途にDを怨み、あの家を焼き払ってやるといつもいっていた。併し村人はMのいうことなどあまり問題にしていなかったが、或る秋の苅入れもすんだ日の朝の事、Dが二階で寝ていたところ、窓下に積んであった麦藁に火でもつけたかと思われるようなパリパリと音がする。急いで起きて窓を開けて見ると、Mが火を附けていた。Dが急いでとび出し大声を立てたので近所の人々もよって来、Mは「これは見つかったか」と急いで逃げかくれ、それを村人が手分けして探した所、山裾の穴の中にかくれていた。

「お前はこんな所にかくれていたのか」

と、つかまえてなぐったり蹴ったりしたあげ句、警察署に引き渡した。警察でも放火するような物騒な男という事で、充分取調べもせずに二ヵ年の監獄に入れたのである。

それでDや村人達も安心していたのであるが、間もなく二ヵ年の刑期を終えてMは又村に戻って来た。「Mは戻ったぞ!!」というので村人はひそかに警戒したのであったが、二年の刑期のすんで戻ったMはもうそんな気力もなく、蒼ぶくれて頭髪は半白にうすくなり半病人のような体で、荒れはてた自分の家で独り寝たり起きたりしていたが、遂に間もなく死んだのである。「ヤレヤレ物騒な人物が消えた」というので、村人は胸なでおろし、身寄りもないのでお葬式らしいこともせず、アンペラにくるんでその屋敷の隅に埋めたのである。

話が変って、Dの妹が大阪市に住む人に嫁いでいた。ところがこの婦人は大変お大師様のお徳を慕い、高野山へは毎月参りするという位の熱心な信者であった。従って本山である金剛峯寺へもよくお参りをして、時には管長様にもお目にかかったりする程の心安さであった。時偶偶《たまたま》、泉智等猊下が管長であったので、やはりお目にかかって四方山《よもやま》の話の末、猊下が

「奥さん‼ あなたは兵庫県氷上郡山南村の出身ときいたが、そこにMと云う人が居たか」

と聞かれた。

「どうして管長様がMを知っているのか」

と不審に思い、そのわけをきいたところ、管長様が、

「私が金剛峯寺の裏山のお堂で毎朝独りで拝んでいると、妙な風体の男が、どこから来たのか坐っている。髪をふり乱して見るからに恐ろしい形相なので『お前は誰れだ』と聞けば、『Mだ』という。『どこから来たか』というと『兵庫県氷上郡山南村だ』という。『何をしているのか』と聞く

と『大変な恨みがあって悪魔の行をしている』という『どのような恨みかは知らぬが、人を恨むということは、その人ばかりでなく自分もまたその地獄の苦しみを無間《むけん》に嘗《な》めることになる。それはやめた方がよい』というてきかせても仲々止める様子がない」

というのであった。そこでその婦人は大阪へ戻るや否や、山南村の故郷へ帰ってDに遇い

「兄さん!! あなたはMが死んだと安心しているが、実はこれこれしかじかである」

とDに話したのであった。

Dもこれには驚いて相談の結果、親しく泉管長様に会ってMとの間に起こった今までのいきさつを話し

「どうしたらその怨念より免れるか」

と、教えを乞うた。管長様は

「それは大変な事になった。仲々強い執念を持っているようなのであるが、私もその怨念にかからぬよう仏様にお願いはするが、あなたも自分の村の鎮守の神によくお参りして守ってもらうように!!」

との事であった。

そこでDはそれ以来、毎朝鎮守様にお参りして祈念した。そのお陰かDの世代には何事もなくす

んだのであるが、年老いて余命いくばくもないと知るや、或る日ひそかに孫に当るK氏を枕もとに呼んで人払いをし、Mとの関係のあったいきさつを詳しく話し、

「いずれこの家はお前が継ぐであろうが、この事をよく知って、私のして来たようにやはり鎮守様にお参りして守っていたゞくようにせよ」

との遺言であったのである。Dは間もなく死に、後はどういうわけか孫に当るK氏が継いだのであった。

ところが今(K氏が私を訪ねた時)から三年前に、やはり秋の末の或る日、K氏宅の下から火が出た。家はなだらかな山の傾斜に添うて建っていたのであろうか、一家総出で屋根へ上り吹き上げて来る火の粉を防いだのであるが、間もなく鎮火したので、ヤレヤレ安心と思って屋根から降りて見ると、どこから飛火したのか家の中に大きな火の玉が燃え上っていた。これはもう防ぎようがないとて避難する内にとうとう丸焼けになったのである。ああ!! 遂にMの怨念がこのような不審火になったのだと思ったが、そう諦らめてもおれぬので、先ずDの建てた新宅屋の方は建てゝやり、さて主屋である自分の所の家を建てる前に、霊媒をする或る女の祈禱師が居るのでその処でMの霊を喚《よ》び出してもらったところ

「とても深い恨みがあるので仲々このままでは解《と》けない」

という。

「それは困《こま》るからどうしたら晴らしてくれるか」

というたところ、

「嘗てアンペラに包んで埋められた遺骸を掘り出し、お寺さんを呼んでお葬式をして埋め直し墓を立ててほしい」

という。

「それ位の事なら致します」

との事で、そのようにお経を上げて葬り供養のために墓も建てて置いて、その上で自分の家を立てた。

「そこで嘗て祖父のDが何かと御指導賜った泉智等管長様も、も早やこの世におられないと思うが、せめてそのお墓にお参りしてお礼を申上げ委細の報告して御加護を仰ぎたいと思い、本日参詣しました。何卒そのお墓を教えていただきたい」

との事であったのである。

私はこのような話を直接K氏より承わり、霊の障りの恐ろしさと、それをゆるがせに出来ぬこと、その執念を晴らすためには、法に依れる供養より外にないとの、大師の教誡を改めて知らされた。

そこでK氏を連れて、大師教会本部の庭上にある泉管長様の銅像にお参りして、生前のお姿のそのまゝであることを教え、更に奥之院の歴代管長様の墓地の中の泉猊下のお墓にお参りなさるよう教えて、K氏と別れたのであった。その後K氏とは時々通信して今に至っている。

7　聖天尊の利益を仰ぐ

A　霊示に依って窮地を開く

私が奥之院維那《ゆいな》を三年一ヵ月勤め終って、伽藍維那に転任し、金剛峯寺の別殿のとりつきの一室に起居する身となったのは、昭和三十六年六月であった。ところがその翌年一月二十六日、奥之院の御供所《ごくしよ》が失火のため全焼した。これより先、奥之院の灯籠堂を改築するため、旧灯籠堂内の荘厳具の一切を御供所へ移して仮安置するために御供所の一部を仮りに造作していたのが、たまたま失火の原因となったものであろうか。但し不幸中の幸いにも、高野山は大雪で、全山雪に掩《おお》われ、周囲への類焼を免《まぬが》れた。若し雪が無かったら火の粉が森の中を十方に飛び散り、枯葉がうづ高く積んでいたから、奥之院境域は焼野原となるところであったろうに。今思い出してもぞっ、とする。とにかくその責任を負うて津田内局は総辞職し、大原管長猊下も辞任された。維那職も内局に連なる一員になるので、従って伽藍維那の私も辞表を提出して上局の指示を待ったのである。

高峰内局間もなく後を継ぎ組局して、「先では開創大法会の法会部に出仕してもらわねばならぬ」との事で私の辞表だけは一時保留となり、取りあえず教学部長亀山弘応僧正老齢のため、暫時教学部参事《さんじ》として大師教会本部に出仕し、次長の加賀尾《かがを》秀忍僧正は行政面を、又参事の私は授戒《じゅかい》や講習会の講師や信者の身の上相談等の信仰面を担任して、老部長を補佐した。翌年三月、老部長に代って布教講習生を引率し随喜参列の信者も加えて四十名、大型バス一台を借り切って、途中講習しつつ四国霊場を巡拝の旅に出て、始めて親しく大師の遺跡をお参りさせていただくことの出来たのも、ひとえに大師の我れを引摂し給う善巧方便《ほうべん》として有難き極みであった。

そしてその年の十月より開創大法会の法会部専任の理事となりその係長として、金剛峯寺会下二階奥の一室に居を移したのである。

さて私はこの間に在って、特に聖天尊《しょうでんそん》を祀って拝んで、数々の不思議な霊験をいただいたのである。

私が聖天様という仏天の在《いま》すことを初めて知ったのは、嘗《かつ》て大正の始め（大正二年の秋）埼玉県妻沼町の歓喜院に入寺した満十一歳より始まる。この寺は聖天様を本尊とせる関東一の大寺であり、寺内の子供の一人に加えられた私は本堂へは上れなかったが、聖天様には大根とお酒とお団《だん》を必ずお供えせねばならぬ位の事はいわず語らず知った。その上、師僧は必ず早朝に起きて朝風呂で身を清め、本堂に上って拝み、弟子の僧衆の何人かは朝夕にお供えや、本堂の掃除にかかっていた。私も入寺後三カ年余りして得度《とくど》剃髪《ていはつ》してその僧衆の中に加えられるや、師僧の鈴木英良師に連れられて高野山に登り、当時師僧が本山の執行職に在りながら兼務していた光台院に住んで、師僧に仕えた。この寺でも師僧は別に聖天尊を祀《まつ》って毎朝拝んでいたので、堂内の掃除や毎日のお供えものの取りかえなどはいつも私の役であった。

そして私は師に就いて四度加行をすまし、続いて高野山中学より大学に進み、無事卒業出来たのも、ひとえに聖天様よりめぐらされた浄財によるものである。しかるに卒業して一旦師の寺に帰り、二年程して、ふとした縁から四国愛媛県の道安寺に住職して、そのままいつしか年月を過し、再び縁あって昭和二十八年秋より高野山に登って、真別処に住む身となった。実はそれまでは聖天様の御恩を受けていながら、恥しくもそれを忘れていたのであった。

しかるに私が真別処に入った翌年の六月頃かと思うが、大和《やまと》の生駒山宝山寺《いこまさんほうざんじ》の住職松本実道僧正（現西大寺長老を兼ねる）が突然真別処に私を訪ねて下さった。全く思いもかけぬ事なので、取るも取りあえず、私の居室に案内して渋茶を出し、御用件を承った。

「聞けば貴僧は文章をよくするとか。聖天尊の誓願や信仰や利益《りやく》等に就いて、現代人に解《わか》り易《やす》く書いてくれないか」

との御依頼であった。私はこれは聖天様の御恩を今まで忘れていたので、それの自覚を促《うなが》し給う方便かと思い、喜んでお引受けしたのである。併し恥しながら、実際には聖天様の事は今まであまり調べた事がなく過して来たので

「何か参考になるような資料を送って下さい」

とお願いし、松本僧正は快よく承諾して帰られて、間もなくその資料を何部か送って下さった。約三ヵ月程の猶予《ゆうよ》を願いそれらを調べてみて始めて聖天尊の誓願や利益等の事を知ったのである。

聖天とは略名で、本当は大聖歓喜《かんぎ》双身《そうしん》毘那夜迦《びなやか》天王と呼び奉る。大聖とは大日如来がその本地で、その最後の方便の働きとして象頭《ぞうず》人身《にんじん》の障碍《しょうげ》身（毘那夜迦《びなやか》）を示され、しかも男女二天の双身合体の尊容を現わされている。それを略して大聖の聖をとり毘那夜迦天の天をとり仮りに聖天尊と呼び奉るのである。即ち大日如来の限りなき慈悲と智慧のお働きの種々相が沢山の仏・菩薩・明王・天神の諸の姿を示して曼荼羅をなしておられるのであるが、特にその一番最後の方便身として、この様な双身合体の象頭人身を示された。それは生きとし生けるものの生命の意慾――如何に生きるべきかの意慾の高揚――即ち仏性《ぶっしょう》の限りなき開発と生成発展――福智荘厳を成満せしめんがための方便形なのである。従ってそのお供えは大根とお酒（日本酒）とお団《だん》なのであるが、大根は除病健康、お

酒は歓喜和合、お団は転貧成福《てんびんじょうふく》を表わし、病貧争の生きる上の障《さわ》り――即ち生の煩みを救う方便であり、特に浴油《よくゆ》の功徳は、油は精気の結晶――エネルギーの根源にして、それを温ため天尊に洒《そそ》ぎかけて祈ることは、限りなき生成発展を助長する事となる。その旨趣はとりもなおさず、現世に即身成仏と福智荘厳の社会を現成することになり、即ちそれは聖天尊の誓願と信仰と利益であることを初めて知ったのであった。

そこで私はこの様な要旨を原稿用紙三十枚程に纒《まと》めたのであるが、実は自分は一度も秘法に依って聖天様を拝んだこともなく、唯資料文献を調べただけでは全く「仏造って魂《たましい》入れず」で、単なる知解《ちげ》だけの学者の所業と何ら変らないと思い、どうしても浴油供《よくゆく》や花水供《けすいく》等の秘法を実際に何座か拝んでから、それを仕上げたいと思い、その旨と幷せて秘法の伝授を、松本僧正にお願いしたのである。快よく御承諾下されたので、行法次第等を調えて生駒山寺に参上、二日ばかり滞在して一通り伝授を受けて高野山に帰ったのであるが、当時真別処には聖天浴油の壇は無く、三宝院にその道場のあるを知り、そこを借りて七日間毎日秘法を拝んで、その文章の最後の仕上げをなし、生駒山寺へ送稿したのであった。

さて真別処は四度加行の行法だけでなく、あらゆる三密瑜伽《ゆが》の行法の伝授と修行の出来る場にしたいとの私の年来の宿願であったので、改めて聖天尊の秘法を拝める道場をも設けたいと思い、その準備など進めている内に、突如奥之院の維那に転任する身となったのであった。

しかるに転任早々、本山より奥之院の什物台帳が届けられ、この台帳に銘記されている什宝類の在否を調べるようとの事であった。それで私は主事をつれて一々調査し、最後に御供所の大黒天神の厨子《ずし》を開くことになった。今まで滅多に開いたことがないとの事、それで夜半に主事との立合いでひそかに開いて見た。大黒天神二体、弁財天、聖天尊（金仏）等台帳に記入された通りの什宝があった。ところが長く開いたことがなかったためか、聖天尊など自然にたまったゴミによごれていた。猶奥之院の土蔵の中には聖天尊の古い円壇があり、又油多羅《ゆたら》等の密具もあったが、余り使っている様子は無かったのである。

私はこの事を大原管長猊下に申し上げたところ、来る昭和四十年に行う高野山開創大法会も段々近づいて来るので、ひそかに浴油壇を構《かま》えそれらの諸具を厳《かざ》って、大法会の無事完遂を祈願するよう内命があったのである。それで私は円壇に添うた脇机や礼盤等を本山の調度課に作ってもらい、明り障子の屏風《びょうぶ》も二双用意して、奥之院御供所の横に続いた不動堂内の一隈に、明り屏風でかこってその中に聖天壇を構え、天尊像をとり出し香湯で沐湯《もくとう》して浴油供を開白し、毎朝大法会の無事完遂の祈願を続けた。なんといっても維那としては、まず早朝に灯籠堂に上って大師の廟前に理趣経法（若しくは弥勒法）を拝み、一旦外に出てから右に繞《めぐ》って廟前に至って読経法楽を上げ、御供所に下って大黒天神の前に法楽を捧げ、参籠所の床にかけてある明神様にも法楽を、更に不動堂に行って聖天浴油供を修し、特に大法会の無事完遂を祈願したのであった。

奥之院より伽藍維那に転任した時は、聖天壇だけは金剛峯寺裏の不動堂内に移し（但し聖天像は奥之院の什宝であるので御供所の厨子に戻し、別に私の師僧の寺の歓喜院から聖天尊の分身を受けて勧請しその天尊を祀って拝んだ）、教会本部では授戒道場の内陣の一隈に移し、再び又金剛峯寺裏の不動堂内に遷《うつ》す等、私の転任先に遷して安置し、結局大法会の結願するまで、それの完遂と、殊に私の担任せる法会儀式の遺漏なきよう加護し給えと、熱願をこめたのである。

私が開創大法会の事務局に専任理事として出仕したのは昭和三十八年の十月なのであった。その時すでに大法会の期日は、四十年の四月一日より五月二十日までの五十日間とし、この間奥之院と伽藍（両壇という）で毎日法会を行なう等の事が定められていた。この基本方針に基づいて法会の種類を、慶讃法会・祈願法会・回向法会の三種に分け、その各々を更に何種類かに細分して、毎日奥之院で二座、伽藍で二座の二百座とする事。その上宗内関係の高等学校生徒の音楽法会や、修験宗の柴灯護摩供も何回か加えて、それらの一々割当て配分から始まって、これらの法会の導師や常在職《しき》衆《しゅう》の事、更に法会の係員や諸役人の事、その衣体装束《えたいしょうぞく》、夫々の法会の道場荘厳の法具や供物の弁備、導師用の諸作法次第や職衆用の法則の編纂《へんさん》、慶讃・祈願・回向の各法会の願文の用意、更に伽藍・

奥之院・天野神社・慈尊院等で立てる大塔《とうば》婆十本等に至るまで、一つ一つ根気よく調え終って開白に備えたのである。

尤も此処まで運ぶには、本山で長らく法会部長をした経験があり、開創法会事務局では始めから常任理事であった添田隆俊僧正が何くれとなく指示してくれ、また茅ケ崎《ちがさき》市金剛寺の真柴明典君が私の側で書記として能く助けてくれたことにもよるのである。

ところがいよいよ準備成り、四月一日より始まるその四日前になって、金堂に於ける本山管長猊下を導師として各山代表参列の開白第一座の会式の庭儀に使う諸具と共に「誦経物《じゅきょうもつ》」の箱をも用意して私の担当机の横に並べて置いていたのに、それが無い。白木で作り紙を張った箱ではあるがこれ一つが無くても開白の法会に欠損を生じたことになる。随分あちこちを探して見たがどうしても見当らぬ。そこで調度課にもう一つ急いで作ってくれと頼んだが

「今調度課では各部署から申込んで来ているものを山内在住の職人を総動員して、とにかく開白までに間に合わさねばと、昼夜兼行でかかっている。一旦作って渡したものを、無くなったからまた造り直せなどいうてもそれは出来ぬ」

という。当然なことではあるが、私は本当に困ってしまった。

その翌早朝、いつもの如く聖天浴油供の時に聖天尊に泣いて訴えた。そして道場観に入り、自ら

の身心を打開いて内に深く本尊を観じその三昧《さんまい》に入った時、どこからともなく
「探し求めている『誦経物』の箱はその処に在る」
という声が聞えて来た。それは肉耳《にくじ》に聞えたのではない。心底深くからのささやきだ。強《し》いていわば突如としてそのような想念がわいて来た。しかもそれは極めて自信のあるものとなって心一ぱいにひろがって来たのである。霊告《れいごう》ともいうべきものだろうか。私は何ともいえぬ感激にひたりつつ、本尊加持や浴油の供養をすまして壇を下り、急いでその処へ行って見れば、まぎれも無くそこにそのものは在ったのである。私は嬉《うれ》しさと安心と感謝で胸一ぱいであった。

かくして無事開白に突入し、それ以来五十日、毎日奥之院と伽藍とで各々二座づつ法会が行われた。奥之院や伽藍の法会係りよりその度毎《たびごと》に櫛《くし》の歯をひく如く打合せて来る。私は事務局に居って適宜指示を与えて、とにかく法会は両壇に於いて予定の如く着々と進められて行く。この間に於いても私は毎日早朝に起きて浴油供を拝んでおると、その都度「今日の法会のこの所に手落ちがある。このものが届けられてない」などと霊告を受け、拝み終って急いで電話で連絡し、人を走らせ、時には私自身出向いて行って、とにもかくにも五十日間各種二百座に余る法会儀式を大過なく結願にまでこぎつけ得た時は、安心と有難さで万感胸に迫《せま》ってとめ度がなかった。これひとえに仏天の冥護と、大師同行二人の悲願と加持《かじ》の然らしむるところとしか思えないのである。

いつしか二十年余りの歳月が過ぎた今も尚当時を思い出しては感泣している。

B　不思議な霊護

淡路の国に巡遷弁才天というて、一年交代の島内真言寺院当番制の法会がある。それはいつ頃から始まったかというに、徳川幕府の中期頃からで、その法会のそもそもの元祖は、淡路佐野の郷に住む城喜代《じょうきよ》という、失明して琵琶や三絃などをひいて所謂門づけの行乞をして歩く法師であった。

この城喜代の叔父に当る人が高野山青厳寺—現在の金剛峯寺—に住む学徳の誉れ高き旭昌という僧であったので、喜代はせめてこの高徳の叔父に遇うて何か教言でも賜わりたいと思うのあまり、杖を便りに遙々高野に登り、旭昌阿闍梨を訪ねた。阿闍梨は甥の喜代の失明を殊の外憐れみ、「この上は信心専一にして仏天の霊護を受けよ」と教え、大師親筆と伝うる弁財天の画軸と外に、日天月天、聖天尊等を授けた。喜代はそれを有難く奉持して山を下り郷里の佐野に帰った。

始めは自分の家に祀って拝んでいたが、尊威を損ずる事を慮り、近隣の人々の寄進を得て小堂を建て、朝夕供養怠りなかった。しかるに間もなく喜代の目が開眼し、長い間の失明より救われたのである。爾来それを聞き伝えて、我れもまた霊護を受けんとて参者ひきもきらず、遂には淡路の島民の求めに応じて弁才天等を奉持して島内の真言寺院を巡って遍ねく慈光を布くこととなり、それがやがて一カ年ずつの巡遷となって、今日に至ったのである。

昨年即ち昭和四十二年十二月六日より向う一ヵ年、佐野の八浄寺に於いて弁才天を奉迎することとなった。さてこの弁才天を迎える当番の寺では、少なくとも一ヵ年前より世話人会を開いてその準備をし、その機会に寺の修復もする習わしであるので、八浄寺でもそうすべきであったのであるが、何しろ七年前にも一遍迎えているので、今回奉迎することは予想もしてなかったのである。何しろ寺あげての大行事なので、戦後、寺が何かと俗事に忙しくなって、奉迎の希望寺院も少なくなっているので、十年を経ずして再び八浄寺が迎えねばならぬこととなってしまった。何しろ八浄寺は、三年前より岩坪真弘師が住職し爾来寺運も興隆の一途にあり、尚岩坪師は現在淡路支所下の教学部の責任者でもあり、更にまたこの地は巡遷弁才天発祥の地でもあるしするので、迎える寺院が外に無ければおのずから八浄寺が迎えねばならなかったわけでもあろうか。

私も岩坪師とは十五年来の知己で、公私に亙ってその相談相手にもなって来たので、この奉迎の法会にも陰ながら力を添え、当日は招かれて来ていた。この法会には表向き弁天委員（当時は樹下真孝師、加古厚隆昭師、池田竜宝師）が三人居って、支所長（太田興延師）に協力して万事行っていたし、法会当日には、結衆寺院はもとより島内全寺院参列と云う盛儀であるのみならず、この本尊弁財天の御影の画軸は三重の木箱に入り、更にその外にはズック製の丈夫な袋がかぶせてあり、日天月天、聖天尊並にその諸具一式は白木長持に蔵められて、すべて厳重に封印され、白丁供揃の古式ゆたかな行列に依って送り迎えされる習わしである。何しろ奉迎祭当日は参詣者いつも四万人に余り、お賽銭だけでも五十万円に及ぶというのだから、その盛況さは想像にも余りあるであろう。

さてその奉迎の法会には、私は島外から客僧として迎えられたので、専ら陰からお手伝いするつもりで来たのであるから、脇壇で弁天護摩供師を勤め、奉迎の初夜より翌日に亙って護摩供五座を拝んだ。さしも広い堂内客殿内には立錐の余地ないまでに信者参者が夜を徹して参籠して、その間法話、詠歌などが交々行なわれ、護摩の熱気と信者の祈りとで息のつまるばかりのムードであった。

聖天尊の円壇は別に祀られ、大根、酒、お団など洩れなく供えられていても、天尊の厨子だけは堅く閉され、百年この方誰れも開いたものがないとのことであった。かねて聖天尊に縁のある私は、

「聖天様はみんなに利益を施したい余り、大日如来の最後方便身としてわざわざあのような奇怪な姿を以って出現して来ているのに、徒らにこわがっておしこめてしまい、誰も拝んでくれない」との御不満が障碍ともなるのであるから、やはり法に依って扉を開き、供養するのがよいのではあるまいか――といつた事がきっかけとなって、岩坪師や支所長、弁天委員など相謀り、折りを得て、私に来て開扉し浴油供養してほしいとの事であった。

そんな事で、翌くる四十三年六月十七日より向う六日間、午前中は浴油供、午後からは支所下寺院のための講習、最後の二十二日は寺族婦人会の講習となって、それが実現した。

さて私は十六日の夕方八浄寺に着き、その夜、弁天委員など立会いで、今まで開いた事のないという厨子を開扉したところ、天像は幾重にも綿に包まれて居って、真鍮の御身丈約四寸余り、いつの時代かに浴油した事があると見えて、油がかわいてこびりついており、その上荷葉の台座がはずれて無い。御足の下には台座についていた突起が二カ所もあるので明らかに台座があったのには間違いないが、その台座が今は無い。その上男尊の右脇下と思われるあたりに恰かも錐でもみ込んだような傷穴があいていた。とにかくその夜は香湯をわかし、沐像作法に依って洗浴申し上げ、よく垢をおとしておいて、その翌朝（後夜）より浴油供を開白した。併し台座がないため浴油の最中に天尊が屢々油の中に倒れるということになり、その都度胆《きも》を冷して𑖭《サ》𑖭《サ》𑖭《サ》……と唱えて心から詫びては浴油し直すということで、漸く一座をすました。日中の一座も又それであった。

そこで私は、ひそかに何か清浄な処の堅い木片で仮りに台坐を作って天尊の足もとを安定したらと思い、岩坪師にその取計らいを頼んだ。早速堅い木片が来たので、その夜おそくその木片をけずって小さな台座を作り、み足にとりつけようとしても素人の悲しさ、うまく接着が出来ない。遂に細い銅線の針金とペンチをとりよせ、み足の甲の上にかけて、木の台にペンチでしめつけて堅く密着し、それを奉持して厨子に納めておこうと立ち上ったところ、私の左足の甲の所が頻りに痛む。何やら気にかかりながらも、何しろ夜更けていたので、そのまま厨子におさめて寝に就いた。堪えられぬ程ではないが、やはり足が痛む。夜中に眼をさましてはもんでみたが治らぬ。どうも聖天さまに叱られたような気がした。「お前が浴油をしたので私は長い眠りから目をさまし起きているのだ。そのわたしの足を針金で、しかもペンチでしめつけるとは何事だ。わたしをいつまで死にもの扱いにするつもりか」と、きつく叱られたように思い、そこでまだ朝暗かったが、襖ごしに寝ていた岩坪師に声をかけて見た。眼がさめていたと見えてすぐに応答があったので、私はわけを話し綿と白い糸をもって来てもらい、急いで天尊像の針金を解き、心中深くお詫びしつつ、今度はみ足に綿をあてて糸で台座にやわらかく括《くく》り、第二日目の後夜、日中、続いて五日間毎日二座ずつ浴油供を拝んだのであった。私の足の痛みはいつしか治ったが、私は今更いつも拝みつつ知らぬ間に犯していた不明――即ち仏像をいつしか死にもの扱いにしていた事を心から懺悔すると共に、法に依って拝めば、木仏金仏といえども仏の生命が通い来り、心光が発して来る事を如実に眼にもの見せられ、今更感銘に打たれたのであった。

尚その時岩坪師も右脚の後脛のあたりに疼痛を覚えたというていたが、私の足の甲の痛みから連想して、恐らく天尊が右脚部の傷の修理を求めて居られるのではあるまいか、とにかく二十二日の朝浴油供を結願すると共に、古仏撥遣法に依って所謂お性根抜きをし、急いで荷葉の台坐をつけると共にみ足の傷を修理し奉るように話合い、七月七日の弁才天の夏祭りには修復成って開眼入魂し、再び浴油供する事を約して、私は翌二十三日に一まず帰寺したのである。

それと関連してもう一つ不思議なことは、弁才天を奉迎の途中、佐野の漁村の人々が、――佐野町の半分は漁村――強引にその行列を海岸に導き、弁才天を舟にのせて、所謂海上オンパレードをし、数年来つづく不漁を救い給えと祈願をこめたのであるが、不思議にそれ以来、今年夏にかけては大変な豊漁となった。これもまた加護の空しからざる証拠であろうか。

もう一つ誠に不思議なことが起こった。それは八浄寺の横に大きな道路がありながら、それより山門に入る道が狭くて車が入らぬのみか、法会毎にいつも混雑して難儀する。その道に添うて約六畝余りの畑があり、それが寺のものとしていい伝えられているのに、いつの頃からか前の家のものとなって耕作されているのである。昔からそこの家が小作していたので、戦後の農地解放でその家の所有に移ったのならやむを得ぬが、どうもそうではないらしい。岩坪師が先年普住して以来、総代とも相談して、もし名実共にその家の手に移っているものなら、道に添うて少しでも土地を分けてもらい、せめて道幅でも広げたらとて種々調査した結果、その土地は現在も尚寺所有になっている。それがいつの頃からか知らぬ間にその家の人が作っていてそのままになって居り、しかも寺の必要のある時はいつなりとも無条件でお返しするとの一書が入っている事も分かった。そこで総代を通してその返還を要求した所、何やかやとゴテて、遂には法外もない高値をいい出し、全く話にならなかったのである。それは今に始まった事ではなく、この所十四、五年来の懸案であった事も分かって来た。

ところが去る十七日朝より聖天尊の浴油祈願を開白、二十二日の朝結願のその日になって、どのような心境の変化か、先方よりわざわざやって来て「無償でお返し致します」というて出たのである。私が今回の浴油開白の時の表白では、

「……此の度の巡遷弁才天の誓願資益《しやく》の天としての聖天尊を開扉し供養します。願わくは此れに依って益々その本誓を発揮して、弁才天の威光を自在ならしめ、併せて当会場たる八浄寺の興隆と法主真弘の所願成就あらしめ給え云々……」

と祈って来たのであるが、その結願を終ったその日に、壁につき当ったようなさしもの懸案がスラスラと解決したのである。全く天尊の加護の然らしむるところといわずしてなんというべきか。

法に依って祈れば必らずおそかれ早かれかなえられるという事。又このような秘法を身を以って体験して、「三密加持すれば速疾に顕わる」と示し給い、「修して知れ」と説き下さり、身命を守るが如くにその秘法を今日に守り伝え下さった祖師先徳の広恩を、今更有難く思う次第である。

（この記事は聖天尊の修復成り沐像、開眼入魂の作法終って浴油供三座拝み終り淡路八浄寺に於いて七月七日弁才天夏祭りの日、記す）

C　身をもって示し給うた

思い起せば昭和五十三年十一月末のある日の朝の事。私が毎朝拝んでいる聖天尊の浴油法の撥遣終って天尊の像を油多羅《ゆたら》の中よりいつもの如くとり出さんとした時、突如それが油の中に顚倒した。それはいつしか台座よりはずれたからではあるが、今までには全くないことであった。私はハッ!!と心に驚きながらとりあえず杓で尊像を起し漸く外へとり出して備えの紙で油を拭きとり、本座へ安置しようとしても、台座がとれているのでそれが出来ない。私はその瞬間これは何か重大なお知らせだと直感した。

実は私は十数年前に、すでに道安寺を長資淳弘に譲り、神宮寺へ転住していたのである。道安寺はその昔豊臣秀吉の長曽我部元親討伐の戦火にかかりて一山焼失し、その後間もなく復興しても本堂がなく、本尊薬師如来を始め日光月光十二神将等の一切の仏様方を客殿の一室に、仮りの本堂として奉安したままであった。随って本堂の建立ということはそれ以来の歴代住職の宿願ではあったが機縁熟せず、今日に至るまで成就しなかったのである。

淳弘は住職して以来それを念い願うこと久しく、漸く諸種の条件とととのい、檀徒の協力も得て、昨年の春以来本堂建立の事業に取りかかっていた。しかるに工事半ばにして胃潰瘍にかかり、あちこちの医師に診せてもどうしても手術せねばならぬ破目になっていた。その上彼れは長らく中学校の教職に在り、寺の運営と教職とだけでも相当の激務な上に本堂の工事を進めていたので、人知れず心労が重なり、知らぬ間に潰瘍に犯されていて、もはやどうにもぬきさしならぬところにまで来ていたのだ。本人も私もそれが気にかかり、いつどこで入院手術したらよいかなど、よりより内輪で相談していた矢先きのことであった。

しかるに私がいつもの如く聖天浴油法を拝んでいる時に、突如このような変事があるとは、これは天尊が身を以って示し給うた何か不祥な知らせではないかと、私は内心ただならぬ不安と決意をせねばならなかったのである。

とにかく尊像を台座から離れたままでおくわけには行かないので、古仏撥遣の作法をして取りあえず台座を接着すべく、二、三の心当たりの職人に当って見たのであるが、仏像であるため話がまとまらぬ。結局京都の三法堂へ電話でかけあったところ、専門の所へまわしてなんとかしますとのこと、早速書留速達で郵送した。特に長らく拝んでいた大事な尊像なので深重に扱ってくれるよう念をおして依頼したのは元よりである。

そして一方では淳弘の入院の病院や日をきめ、その間私ら老夫妻が道安寺へ居を移して後事を代わって引継ぐべく準備していた十二月二日の朝の事、相変らず浴油供――私は代わりに別の聖天尊を祀って拝んでいた――終ってその座を下り朝食の椅子に腰をかけたが妙に目まいを覚え、その内に左手の指先きがしびれ出し舌がもつれるようだ、これは私の老体に異状が起ったことを直感しその場に臥して、かかりつけの医師に電話した。医師がかけつけてくれて脳血栓と診断し、応急の手当てと共に何よりも安静にするようにと注意されたのであったが、幸いに手のしびれも舌のもつれも間もなく治ったので、淳弘に

「私の事は心配せず、予定の如く入院して手術を受けるよう、そして道安寺の後の事は私らに任しておくよう」

と言って直ちに道安寺に居を移し、奥の一室に寝起きしながら、後の事務一切を見たのである。

(実は十二月九日に徳島支所下の数学研修会の講師として早くから出講の約束をしていたのであったが、この思いがけない発病のため欠講の止むなきり至り誠に御迷惑をかけたが、幸いに吉田寛如師が代講して下さって有難かった)。

淳弘は予定の如く十二月四日に入院し十二日に手術を受けた。約七時間余りの大手術であり、その六日後もう一返手術し直さねばならぬという程の重病であったのである。

一方三法堂に修理を頼んだ聖天の尊像は、台座との接着成って間もなく郵送されて来たので、私は神宮寺へ出向いて法の如く沐像作法によってまず香湯で尊体を洗い、続いて開眼して浴油法を開白し、それより三日に一返は神宮寺へ出向いて浴油供を行じ、身に振りかかった内外のこと、殊に

は道安寺の本堂の落成を始め淳弘の難病の治癒、私ら寺内のものの健康など、忽ち困っていることを一々祈願をこめた。毎座が一期一会の必死の祈りであったのである。

さて道安寺では檀信徒より次々と寄附金を持って来る。それには一々受領証を出し帳簿に記載して同時にそれを仕別けて行く。勿論他県の檀徒よりの送金もある。これらを手落ちなく受付けておかぬと、後の事務処理に支障を来たすからである。一方工事半ばの本堂を遅滞なく進めて行かねばならぬ。その間に檀家の葬式法事などにも代わって勤めねばならぬ。私の脳血栓は再発の可能性も大いにあり、まかり間違えば半身不随にならないとも限らぬとの医師の注意を受けており、内心気にかかりつつも、そのような事にかかわってはおれなかった。とにかく十二月歳末ぎりぎりで漸く本堂の工事だけは終った。そこで翌くる一月七日の吉日をトして、旧本堂より新本堂へ本尊を始め一切の仏様方を移す事にした。

道安寺の本尊薬師如来は御身丈一尺余りの坐像、台座や後背等を入れると約三尺に余る。脇士の日光月光十二神像は何れも一尺に余る極彩色の入念の木像である。しかしこれらの脇士は長らく手入れしてないので破損していた。幸い孫の高野山大学二年生になる淳司が冬休みになって帰って来たので手伝わせて、脇士の厨子の中を掃除し、仏像を一つ一つ点検して破損を修理し、来る七日の遷座に備えた。

いよいよ七日は早朝より隣寺の法類寺院方三人、世話人等二十人余り及び大工や左官の職人も参集したので、まず御遷座作法によって如法に拝んでから、これらの人々に手伝ってもらって仏像を移した。新本堂は須弥壇も広くとっていたので、本尊薬師如来の厨子の両脇には、日光月光十二神将の厨子を構えて尊像を夫々に安置し、更にその両側には両部の曼荼羅を掛け、更に又その両側には八祖大師をかけ、その他の仏像もその前に並べ得て尚余地があった。そして両側の外陣には位牌壇を設けて檀信徒各家の先祖代々の位牌を祀り、その奥には歴代先師尊霊の霊位を安置した。そして五具足や台灯籠大壇等の密具も移し置いた。

これらの事が一応終ったので法楽を捧げ、参集の世話人等に挨拶を兼ねて、来たる三月十二、十三の両日（旧二月十四、十五の両日）は、六年に一返ずつの当番である常楽会法会に当るので、その初日の昼に、本堂の落慶法要を行い、その日の初夜より翌十三日の午後にかけて四座の常楽法会を執行する予定であることを発表し、みんなの協力を得たのである。

それからはこの予定に従って諸種の準備に忙殺された。

まず本堂の内部荘厳から始めて法会の式次第願文等、更に帳簿の整備や手入れ、案内状等の印刷や発送、幾種かの記念品の調度、寄附者芳名の整理発表の事、檀徒各家先祖の二百に余る位牌の調整とそれにさし込む過去帳に一々法名の書き入れとその並べ方等の事に至るまで気を配った。これらについては勿論しばしば病院に出かけては入院している住職とも打合せすると共に、又法類で且つ近親に当る種月敬吾師夫妻をわずらわせ、又帰省している孫の淳司らにも手伝わせた。その間にまた高野山や京都より専門の職人を招いて、新本堂内にかける水引や仏天蓋、台灯籠、御簾、幔幕、毛氈等、更には位牌壇に供える三ツ具足や茶湯器等の何組かを新調し配置して荘厳をととのえた。またその一方では旧本堂の内部を改装して新たに上壇の間や客室等を設け、更に客殿の中の八畳の室六つの壁を塗りかえ、襖を張りかえ、畳を新調して敷きかえた。何しろ客殿は古い建物なので、ゆるんだ根太を直し、座板を張りかえたり敷居まで取りかえねばならぬ所もあったりして、そのような気の配ばり等大変であった。そしてその間を縫うて世話人や台所係の婦人連中を何回か招集しては打合せを重ねた。そのようにしてとにかく予定された三月十二・十三日の法会に備えたのである。

その間における苦労と多忙とで、私も家内も老令を顧みる余ゆうなどなく、毎日、毎日が精一ぱいの仕事であった。夜は疲れてテレビも新聞も見る気力なく、夕飯すんで風呂に入れば、正体なく眠るという風であった。私の持病の坐骨神経痛は再発して歩行にも苦痛であったが、そんな事にかかわっては居れなかったのである。そして否応なしに推し流されるが如く法会に突入したのである。

幸いにも淳弘は、前後三回の大手術ではあったが快方に向い、三月十二・十三日の法会には医者に外泊を許されて帰寺し、法会に参列して、慶讃祈願文も自ら読上げ、結衆寺院方や檀信徒に挨拶も出来る位になったのが何よりだった。

さて法会も盛況裡に終り、淳弘は一旦病院に戻ったが、その後の寺の残務整理も一応片附いた頃の三月二十八日、今度は全快して退院し、長らく附き添って看病していた嫁も帰って来たので、すべてを引渡して、私らも四カ月ぶりで神宮寺へ引上げた。その当初はなんだか気がぬけたようで、昼も夜もろくな仕事も手につかず、ただうとうとするばかりであったが、それでも日が経つにつれて気力もとり戻し、相変らず毎朝聖天壇に上っては浴油の秘供を行っている。

思いおこせば避けては通れぬあれほどの大難を、よくも切りぬけて来れたものだとしみじみ思う。初め聖天尊が、身をもって示し下された大難を、深く心に嚙みしめ肝に銘じて祈りつつ対処したおかげで、まず道安寺歴代の宿願たる本堂も建ち、伽藍の整備も一返に成就した。その上住職の身にふりかかった難病も快癒し、私ら老夫婦も先代として尽すだけのことを尽してやって、疲れてはいても心安らかに神宮寺に帰ることが出来た。往時を顧みて、よくもここまで、覚束かない足どりでもやって来られたとしみじみ仏恩を拝謝しつつ余生を生きているこの頃である。

8 障碍苦難こそ仏の慈悲と正受

昭和四十年四月一日から五月二十日までの高野山開創記念大法会も無事終了結願《けちがん》したのであるが、尚残務の整理があるので、事務局出仕の職員は残って勤務を続け、私は自分の担当の法会部の行事等を三十六種の書類に纒《まと》め上げて本山の法会課に引渡し、七月末、事務局の閉鎖と共に、通計十二年間出仕の間にたまったものを整理し纒めて自坊に帰る身仕度をしている時、教学部より帰途そのまま北海道の十七日間に亘る巡回布教に出向くよう指示を受け、すでに前年の秋より約束していた熊本県下の特請布教《とくじょうふきょう》並に講習の十日間があるので、その方に支障の来さぬよう日時等の差繰りをし、北海道をすましてそのまま飛行機で熊本へ出向くようと手配し終って、八月下旬、身仕度をととのえ、自坊より長嗣淳弘を呼び寄せて、発送の出来ぬものだけを持たせ一緒に下山して京都駅で淳弘と別れ、私は独り北陸路を通って北海道の布教の旅路に就いた。途中直江津《なおえつ》駅で下車し、久しぶりで私の生家へ立ち寄って二泊し、父母の墓参もすまして、汽車で北海道へ向ったのである。そしてとにかく北海道での巡回布教も無事すまし、直ちに飛行機で福岡空港へ向った。私はこの時初めて飛行機というものに乗った。札幌の千歳空港を発《た》った時、なんでも二つの台風がランデブーしてやって来るとかで乱雲立ちこめ雨風も出ていたのであるが、それでも飛行機はそれをつき破って雲の上に出で、空を見れば陽光のかがやく青空であった。途中羽田空港に降り、直ちに福岡行に乗りかえて飛び立ち、夕方五時すぎに福岡空港に降りた時はやはり雨風であったが、駅に出て汽車に乗り、熊本県玉名の駅に着いたのは午後七時頃であったろうか。湯津道慈寛《ゆづどうじかん》師に迎えられてその教会に落つき、教会内に湧出《ゆうしゅつ》する温泉で旅の疲れを休めて、その翌日午後よりいよいよ熊本県下の布教並びに講習の旅に出たのである。とにかく十日間それを勤め終って、再び飛行機で東京の羽田空港に飛び、埼玉県妻沼《めぬま》町歓喜院の住職鈴木英海師（私のすぐ下の法弟）の本葬儀に辛うじて間に合った。英海師の仆報《ふほう》はかねて布教の旅先で自坊より報《しら》せを受けておったのであったが…。

このような約一ヵ月余に亘る、北と南との布教の旅も幸いに支障なく勤め終って、自坊に帰り旅装を解いたのは十月二日であった。この旅の途中で何返か切破《せつぱ》つまったような場面に直面した事もあったが、不思議にもそれを切り抜けて、なんとか使命を果し得た霊験実話もあるのであるが、それを書くのは他の機会に譲《ゆず》ろう。とにかく自坊に帰った時の所懐を下手な和歌にしてその日記の終りに誌したのであった。

三界は客舎と知れど旅衣《たびごろも》
　　わが仮住居の寺に脱ぎ得て

私は昭和三十九年の春より、神宮寺に転住していた。とにかく四十年の開創大法会がすんだら、それを機会に本山の勤務を止《や》めて帰るつもりではあったし、道安寺は淳弘に譲って、無檀《むだん》、無禄《むろく》の神宮寺をなんとか復興したいのが私の宿願であったからだ。

神宮寺は東予市の北の端の楠村に在る小寺である。併し縁起は古い。寺伝に依れば聖武天皇の勅願寺で、本尊は千手観世音の立像、御身丈《おみたけ》光背共約二尺五寸（七十五センチ）行基菩薩の作と伝えられ、菩薩の弟子円覚律師の開基で、道前地方に鎮座しますいくつかの神社に法賽《ほうさい》を捧げ神威を増して、それに依ってこの地方の住民の安泰と福利を守るための祈願寺として建てられ、従って初めから山号を普門山《ふもんざん》、寺号は神宮寺《じんぐうじ》と称していた。昔は道前地方に寺領が相当にあって、何人かの住侶が住んでひたすら法務を勤めていても結構生活の出来るようになっていたが、千年に余る年月で幾度か盛衰をくり返して、殊に明治維新の排仏毀釈《はいぶつきしやく》で寺領の大部分は没収され、僅かに楠村に残された田地が三丁《ちょう》（三ヘクタール）余りで、それより納められる小作米七十五俵が唯一の寺の収入であったが、太平洋戦争の結果それも農地解放で失い、全く無檀、無禄、無収入の貧寺に陥《おちい》った。その後住職に成る人も無く、隣寺の道安寺住職が兼務し、農家の老人夫婦が隠居仕事に留守番する位の程度で、従って荒廃するに任せ、村の人々は結局は廃寺にせねばなるまいかなどと噂《うわさ》する者もあり、これ以上放任出来ぬ状態に直面したのである。折角の由緒《ゆいしょ》のある寺が、私の兼務の間に廃寺になるなどは、本尊様に対しても申し訳ないことであり、遂に私も道安寺を後嗣に譲り、本山の勤務の終わるのを待って、自らそこに住み込み復興したいと決意し、何は無くとも本尊様のいます限りなんとか成るだろう位に思って、老妻をつれて入住したのが、昭和三十九年の春四月であり、併し実際に私が住みついたのが本山の勤めを止め、布教の旅から帰った四十年の十月からで、六十三歳の時であった。

この寺は高縄《たかなわ》山系の山裾長くのびた丘を背景にして、宝形造りの三間と四間の本堂があり、それに並んで間口五間半、奥行き四間半の客殿と、それに続いて庫裡《くり》が別に在り、その裏には昔年貢米《ねんぐまい》を入れた倉庫が一棟ついていた。本堂前には小さいが格好のよい山門があって、前には石垣の上にブロックの塀が横長く築き上げられていた。前景は開けて田園《でんえん》が続き人家もあって、その屋根越しに入り江の海も望まれ、往来の舟も見えた。更に海を隔《へだ》てた対岸には新居浜市、西条市の工場や町並もあって、夜通し電灯のきらめくのが長く連なり海面に映えて見えた。裏山には檜《ひのき》の大木が茂って寺の風致を添えていた。明治の初年に「雪夫《せっぷ》」なる画家がこの寺の風景を画がき、上にその風趣を左の如き一篇の詩にして書いた額が、先年倉庫の中より出て来たので、それを修理して今客殿にかけている。（中扉、七七頁参照）

普門万徳荘厳春

寂々神宮絶ス二市塵ヲ一
前海ハ後山ハ風雅ノ境
四時変ジテレ態ヲ景光新タナリ

とにかく小さくても伽藍は一応調《とと》のい、裏山の森を背景にして、それらの建物が行儀よく並んで建っているので、遠くより寺を望めば、よく調のった格好のよい寺なのであるが、永年の無住放任で、中に入って見ると、目もあてられぬ位荒廃していたのである。それを承知の上で、一応の所帯道具と、鎌から金槌、釘、鋸《のこぎり》、鉈《なた》等を調《とと》のえて、老妻をつれて入ったのだ。何も無い空き寺へ、何を好んで入るのかと、内心笑う人もあったが、仏様もいますからは、法を以ってすればなんとか成るというのが、私の信念でもあったので、とにかく入ったのである。

私は嘗《かつ》て本山に勤めている間、聖天様《しょうてんさま》を拝んで霊護をいただいているので、とにかく神宮寺に入っても、聖天様に縋《すが》って復興の道をつかもうと思い、本山を辞して帰る時、広島市に住む藤本栄一氏夫妻に事情を話し

「聖天壇を寄附して下さい」

と頼んだ。

これが私のたった一度の寄附の頼みであった。

藤本氏夫人の清江さんは、嘗て高野山専修学院で一ヵ年在学修行した尼僧であり、私も高野在山中の十二年間は専修学院の能化《のうけ》も兼ねていたので、夫妻共よく知っている仲であったからか、早速その一揃いを快く寄附して下さった。この聖天壇を神宮寺の本堂の裏堂に当る板間の向って右奥に構え、天尊は私がかねて拝んでいた歓喜院から請い受けたものを祀り、吉日を選んで供具を弁備し浴油祈願を開白した。その表白の所で

「……弟子英光、縁あって無檀無禄の神宮寺に止住する身となりました。何よりもまず弟子の身心健全、寿命長遠にして、如来の正法《しょうぼう》を光顕《こうけん》するに堪えたる法器と成り、大師の恵命《えみょう》相続の勝計となし給わんことを。その功徳に酬いられて法運強く財福にも恵まれ、それに依って寺門を興隆し、求め来る人々を盛んに利益《りやく》し安楽《あんらく》ならしめ給へ」

と結び、更にその時々の種々な願い事をつけ加えて、一期一会の想いで毎朝真剣に拝んだのである。

そうしている内に、昭和四十一年の晩春より、京都嵯峨大覚寺の覚勝院の坂口博之師が、私に就いて四度加行を行じたいからとて、入って来た。嘗て真別処に居た頃、相当多くの修行者に加行を授け修行せしめた経験があるので、百ヵ日間かかって成満させた。加行者の食事は勿論、精進でなければならぬが、家内が又よくそれの面倒を見て協力してれたのが何よりの助けであった。護摩壇は古いのが寺の倉庫にしまわれて在り四橛《しけつ》はあっても門柱がなく、釜《かま》も無かったので、新調して、

本堂の裏堂の板間の向って左側に据え、焰や煙除けを上に釣り、密具や脇机も新調したので、そのまま使うことが出来たのである。

それより四度加行者が次々と一人すんで帰ればまた一人が来るというようなことで、今日までの二十年余りの間に三十余名の行者が開白し結願している。又その外に一尊の行法や護摩法などの伝授や修行を請う者など次々と来ており、更に護摩供や浴油供の祈禱を申込まれる信者も、必ずしも多勢ではないが遠く北海道から九州に至る各地よりあり、その都度私は一々お札を書いて羽織を着せ水引で結んでよくよく祈願しては送る等、計らずも修行と祈禱を二本の柱として寺門運営の基本として来た。こちらから寄附など、入寺当初藤本氏に頼んだ以外に、今まで一度も頼んだことがなかったのに、相当に財福に恵まれ、漸く復興の機運に向って来たのである。

まず復興修理の手始めとしては、もう使用に堪えなくなっていた風呂場を改築し、トイレや洗面所を設けて整備した。続いて台所の土間を板間に張りかえて便利に改善し、年貢米が入らぬのでがらくたの置場になっていた倉庫を二階も下も南北に窓を開けて通風採光をよくし天井も張って、下は私の書斎にし二階は書物やノートや事教二相の資料などの置場にした。表の縁側の雨戸はあけたままであって内は障子であったが、武田筆吉氏と渡辺信雄氏が、硝子《ガラス》の雨戸を入れてくれ、おかげで寒さが凌《しの》げた。新たに上水道を取入れ、更に裏山の裾に岩磐を掘り割った井戸があって清水滾々とわいていたのに、モータをつけてまず仏様の閼伽水《あかすい》として本堂に引込み、台所用にも使用の出来るよう便利にした。更に電話をとりつけ、後から本堂と書斎にも配線するなど、どこにいても通話が出来るようにした。

客殿の裏側は、山の森が陰をなし日当りがわるく湿気が強くて破損が殊の外ひどかった。遂に思い切って庇《ひさし》を新しく葺《ふ》きかえ、縁も土台からやりかえて、更に押入れや水洗トイレや洗面所なども備えて来客のために便利にし、もうこれ以上修理を加える箇所も無くなったので、家内と二人で今までの苦労をいたわりつつ、まず、一安心と身心共に休養していたのであった。

ところがそれから約一カ月半余りして、突如十七号台風の襲来を受けて裏山の土砂崩れ落ち、大木数本倒れかかって、客殿全壊、本堂は前に傾むき、庫裡も亦半壊という、思いもかけぬ災害に遭遇したのであった。

それは昭和五十一年九月十一日の夜であった。その前より連日集中豪雨が降り続いてあちこちに浸水の情報が入り、村の人々も最後は一段高地に在るお寺へ避難せねばなどというており、よもや寺の裏山がくずれるなどは、我れ人共に夢にも思っていなかった。九月十一日の夜、私はいつもの如く客殿の裏側の一室を寝室にしていたので、九時すぎに寝床に入り、家内もあまり各地より被害の情報が入るので、テレビのある表の一室に寝床を移して私にもこっちへ来ぬかというたのであるが、私は宵寝《よいね》なのでいつもの所で一眠りしたとたん、、、轟然たる音響と共に地揺ぎがしたので眼を覚まし、瞬間山崩れだ!!　と直感した。早やその時仰臥《ぎょうが》した私の上に何やら重いものがおちかかり身動きが出来なかった。

丁度十日程前より尼僧（宮田祐昌―金沢市文珠院住職）が加行に来て開白しており、裏の倉庫であった所を書斎に改造してその二階に寝ていたのが、大声で家内の名を連呼しながら降りて来る様子。電灯が切断されて真暗な中で、私は上から落ちて来たものにいささか額《ひたい》を打たれて頭の中は火が燃えるよう。外に後頭部と左腕なども何かに打撲されて痛み、起き上ることが出来ない。宮田尼が持って来た電池で照らして家内が私の寝ている室に入ろうとしたが襖《ふすま》がゆがんで明けられず、倒れた襖のかげから入って来て照らしてくれたので分かったのであるが、柱やら桁やらが落ちて来てその下敷きになり、寝ていた床は下から土砂ではね上り、畳は何枚かめくられていた。私は漸《ようや》くそれらの下をすりぬけ、家内の指し出した手に引かれて、はね上った畳を越え散乱した硝子《ガラス》の破片を踏んで室外に出て、台所に行った。村の池の堤防で警戒していた消防の人達は、すわ、お寺が大変だ!!というのでかけつけてくれ、その屈強な一人の背中に、雨合羽《あまがっぱ》をかぶったまま背負われ、土砂降る雨の中を急救車の来ている所まで出てそれに乗せられ、夜中に病院にかつぎこまれたのである。幸いにも宮田尼の寝ていた書斎の建物だけは全く被害をまぬがれたとのことであった。

私は入院早々、まずレントゲンで頭部を調べたが内出血もなく骨折などもなくて、ただ打撲の傷だけというので、その手当てを受け、頭部と半身に縫帯《ほうたい》巻いたまま、その翌日夕方病院から自坊に帰って来た。何しろ大勢の村人達が来て、とにかく後片附けなどしてくれていたので挨拶などをし、改めて神宮寺の災害の現況を見たのである。裏山は八合目あたりより多量の土砂がくずれ落ちて赤土を露出し、檜の大木数本落ちかかって客殿は全壊、庫裡は半壊、本堂は前に傾き、見るも惨憺《さんたん》たる様だ。私の寝ていた客殿の裏は殊の外被害がひどく、寝具が二メートル余り動いて畳と共にはね上り、大きな木柱など数本倒れて散乱していた。私はよくもあのような所から抜け出して生命を全うしたものと、改めて身振いしたのであった。村人は

「院主さんは多分大怪我《けが》をして再起はむずかしく、死んで帰るやら分らぬ」

と、内心そう思っていたのに、縫帯を巻いていたとはいえ、眼の前に立ってみんなに挨拶していたので、一見狐につままれたようであった。

とにかく災害でくずれたとはいえ、庫裡の中の台所に続く八畳の一間だけはなんとか使えるので、私はそこを仮りの居間と定め、裏の書斎の一間を仮りの応接室として、復興にとりかかったのである。先ず本職の大工を入れて調べたところ、客殿はすでに二百年に余る古い建物なので、使いものにならないというので取り払うこととし、本堂の傾きは直し、半壊の庫裡は屋根換えをすると共に

内部は思い切って改造して使うこととし、忽《たちま》ち八畳の間に続いて古材をも使って一棟八畳の間を増築することとし、後は本堂との間を長い仮廊下でつないで急場を凌《しの》ぐこととする等、信徒総代と相談して取り決め、災害後の取片附けと一棟急造とを急いだのであった。とにかく正月までにはその事だけをすます予定であった。

宮田尼には、思いもかけぬ災害なので、加行を中止して帰るよういうたのであるが、背水《はいすい》の陣を敷く思いで加行に来たのであるから、暫らく休んでも続けて行じさせてくれとの切なる願いであり、幸いに本堂の内部にはなんの損傷もなかったので、一応の片附けが終る間七日間程休んで手伝ってもらい、そのまま加行を続けてなんとか結願まで漕ぎつけ、十一月中旬に帰ったのであった。

まず崩れた土砂の片附けから、裏山の防災工事など、ユンボ等の土木機械が入り、終日機械音がして工事が続き、崩れた裏山にはコンクリートの防壁が上に向って四段に築かれ、その下には排水工事などの基礎工事が施されると共に、半壊の庫裡の屋根換えと、内部改造の工事が進められ、それに続く八畳の間一棟が急造された。とにかく寺に住む者の生活だけはそれで間に合った。本堂の傾斜も元通りに直し、間もなく冬に入り雪が積ったので一時休止し、本堂へ続く長い廊下は、年明けて雪が消えてからの予定でいたのである。

ところが各地より被災を知り、私の怪我などもきき伝えて、見舞やら復興の足しにせよとの救援金など寄せられた。誠にこれは思いもかけぬ事であった。神宮寺で加行したり、何らかの伝授を受け修行をした事のある人々や、祈願を申込まれ、浴油や護摩の祈願をして何らかの御利益《ごりやく》を受けられた人々など、更に私が本山に居た頃、何かとお世話をした人々など、思いもかけない所から資金が次々と喜捨され、これなら客殿も新築出来る見通しが立って来た。

そこで引続いて本堂と庫裡とをつなぐ事に重点をおいて、広く十畳二間《ふたま》をとり、別に応接室と押入れを構え、洗面所や水洗トイレをとり、四尺幅の廊下をぐるりに取附け、入口を一つにしぼって、庫裡に寄った方に玄関を構え、廊下で裏へ抜けて書斎にも通じ、右へ行けば庫裡にも、又左へ行けば本堂にも通ずるようにし、廊下伝いに各室へ行けるようにして、客殿を建てる事にした。私は柱を太くし、天井は高くとる事と、床を高く上げて風通しをよくする事を大工に注文し、後は設計に従って細々とした事は工事者に任せた。

客殿の基礎工事が始まったのは四月下旬、そしてその棟上げは五月八日であった。工事は急ピッチで進められ、客殿と本堂の畳三十三枚は香川県多度津の藤田寿夫氏より、又本堂及び来客用の座《ざ》蒲団《ぶとん》六十枚は同じく多度津の合川春子さんより寄進され、続いて本堂の裏堂を増築して広げ、護摩や浴油の祈願や、四度加行等の修行の道場の拡張も、鹿児島県屋久島《やくしま》の恵命堂《けいめいどう》社主柴正道氏の好意に依りて新しく整備し荘厳された。そして十月三十日には本堂千手観世音菩薩の扉を開いて落成慶讃法会を執り行うことが出来たのである。

思えば被災後僅か一ヵ年余りで復興が成就《じょうじゅ》し、旧に勝る輪奐の美を調え終り、しかもそれが文字通り喜捨された浄財によって賄われた事を思うと嬉しくかつ有難くて、思わず涙ぐまずにはおれなかった。私は復興落成慶讃の法会に臨み、老眼をしばたたいて仏様を伏し拝み、参列の方々に心から御礼を申上げた。これらの事はひとえに仏様の御加護であり、殊に大聖歓喜天の浴油秘法を修してのお願いを、冥々の内におきき届け下さっていた事を思い、仏様は厳然と実在まします事、殊に大師同行二人の御誓願は信じ頼む者を、必ず洩し給わぬことをひしひしと深知体解《しんちたいげ》し、感涙にむせばずにはおれなかったのである。

「院主さんはよく拝む人で、求め来る人々の願いを真心から拝んで上げ、それで先方は御利益を受けても、対手の因果を却って院主様が受けて、色々と御苦労が多い」と世間の人はいうてくれるが、私はそうは思わない。三密瑜伽《ゆが》の秘法で拝む限り、御利益があっても元より私の修力の致すところではなく、全く仏様の加持力に乗るからこそである。従って対手の因果を私が受けるとは思わない。それは却って仏様が我れに与え給う慈悲方便と正受している。今までの苦難は、よく考えて見ると、皆仏天の加護で、それらを乗り超えて、結局は現実に所願を成就している。苦難が多ければ多い程、御利益もまた新たである。「難有り　有難し」とは古聖の格言であるが、難儀があることがよく考えて見れば、そのまま有り難いことに成る。そのように受けとれることこそ正受なのだ。何れ生きて行くことは苦しみであり、所詮この世は忍土である。それだからこそ、仏様の加護が有難くいただける。どこまでも謙虚に、仏天の加護を信じ、すべてに感謝しつつ、余世を生きて行きたいと思っている。

9　淳弘の逝去とその後の事

淳弘は私の長子である。昭和五年に生まれ、長じて西条中学（今の高校）の四年を卒えて、昭和二十一年四月に高野山大学予科一年に入学、本科を卒えたのは昭和二十六年の九月（新旧大学生の卒業が同時期になるので、旧制大学の卒業を繰り上げて）であった。帰る早々、新居浜市の中学に奉職し、その後壬生川、小松、丹原、今治等の各中学の教員を歴任した。尤も私が昭和二十八年九月より、高野山の真別所維那として単身赴任したので、その後は道安寺の事実上の副住として掛け持ち、教員を勤めながら一方ではよく寺の法務をしてくれた。彼の陰《かげ》の支えがあったればこそ、私は安んじて十二年間に亘っての本山の役職を勤め得たのである。彼は昭和三十九年に名実共に、私の後を継いで、道安寺住職と成り、私は神宮寺へ転住しつつも尚暫らく本山に残り、四十年の秋に本山の役職を辞して、今度は神宮寺に帰ったのである。

道安寺は長く客殿の中に仮本堂があって、本尊薬師如来やその他の仏菩薩を祀り、檀信徒の位牌等も狭い所に安置していた。随って、本堂を建てることが、歴代住職の宿願であったのであるが、機縁熟さず、果さなかったのである。淳弘は一入《ひとしお》それを願い、幸い境内に続く隣地の畑が、戦前は長く小作人が作っていたのに、戦後農地解放の結果、私個人の所有地になり、私はそれを改めて寺へ寄附したので、幸いに境内地が南に向って広く拡張が出来た。正に機運熟して、淳弘の代に宿願の本堂建設に踏み切ったのである。教職にたずさわりつつ、一方ではその事のために幾度か檀徒に謀り会議を重ねて賛同を得、間口六間、奥行六間半に及ぶ本堂を設計し、昭和五十三年の五月九日の吉日を卜して地鎮々壇して基礎工事を終え、八月四日に棟上げも終り、工事を進めた。

しかるにその中途より胃潰瘍に犯され、入院手術の止むなきに立ち至った。教職に在りつつの檀徒寺の運営は身心共に二重の苦難であり、その上、歴代住職の果し得なかった本堂の建設という事は三重の負担となった。すでに病気は何年か前に起っており、それがいつしか進んで、最早や放置出来ぬ程の重症となっていたのであった。とにかく入院治療することとなり、その後を私ら老夫妻が、居を暫時道安寺に移して工事の後を引受けて続行する内、やがて、その年も暮れて正月を迎え、正月七日にはまず本尊やその他の仏様方を新本堂へ遷《うつ》し、新しく内部荘厳して、檀徒各家の家別の位牌をも祀り、三月十二、十三の両日に亘って、本堂落成慶讃法要、並びに当番の常楽会法会を行なった。この時は淳弘は、病気が殆んど快癒して一時的な外泊を許され、道安寺に帰って法会には住職としての祈願文を読み上げたり、式典には自から挨拶《あいさつ》もして、一応病院へ帰り、法会の残務整理なども終った頃の三月二十八日には退院して寺に帰って来た。入院中附添っていた嫁も久しぶりで寺へ戻った。そこで後事を引渡して、私ら老夫妻は五カ月ぶりで神宮寺へ引上げたのである。

その後四年程は淳弘も健康でよく寺を護持し、但し学校での教職だけは辞任していた。そして昭和五十七年三月二十四日より約十日間の中国の北京、西安、洛陽をめぐる旅行には淳弘夫妻の発起で、「今までに両親に孝行らしいことをしておらぬので、この旅行には是非に加入するように」と誘ってくれ、私ら二人の外に、鎌倉に嫁いでいる娘（淳弘の妹）の弘子も加えて水入らずの五人で、その旅行団に加わり、初めて海外へ出遊したのも、ひとえに彼の好意によるものであった。思えばこの頃が淳弘の最も幸せな時であった。

その後推されて、宗内の愛媛支所の常務副支所長となり、後に支所長となって、五十九年大師御入定千百五十年大法会の前奏なるお待受け法要を、前年の五十八年三月に営んだ頃より病気再発した。今度の病気は癌で肝臓に転移しており、再び入院して治療を受ける事になったが、遂にこの世の縁浅く、七月二十八日に五十三歳で逝去した。長子であり、一番頼りにしていた者を、あの世とやらへ見送らねばならぬことは、親にとっては老心の切実なる痛み悲しみであったが、その歎きの中にひたっているわけにはいかない。すでに居を三度道安寺に移していた私ら夫妻は、まず密葬続いて本葬儀を執行し、その五七日忌には追福菩提の法要を営むと共に、孫の長嗣であり高野山大学の大学院に在学中の淳司に後を嗣ぐよう取り決めて、その晋山式も続いてその日に執り行ったのである。

それらの行事を終り身心共に疲れて漸く神宮寺へ帰った。八十歳の老令になって思いがけなくもこの憂目を見るとは!!　と一度は悲嘆にくれたが、続いて年明けての昭和五十九年に入り、正しく大師御入定千百五十年相当の大法会の年に当り、私は本山での五十日間に亘る大法会には、六回も高野山に登って、大法会の導師やらその他の講習会に出講すること多く、又夏より秋にかけては各地の講習会に出て行き、新潟や北海道や、更に淡路八浄寺の大黒天勧請《かんじょう》二十周年記念の百味百灯百僧供養会にも出仕し、続いて十二月には京都御室仁和寺の教師講習会出講など、全く休む間もなかったのである。

そして明くる六十年正月には、京都東寺に於ける後《ご》七日《しちにち》御《み》修法《しゅほう》に定額僧《じょうぎゃくそう》として出仕した。

後七日とは、後の七日という意味で、宮中では正月の元日より七日間を前七日といって神事で祈禱を行ない、八日より十四日までを後七日というてそれは仏事で祈禱を行う事になっている。この行事は遠く桓武天皇の延暦の昔に始められ、大師が、真言密教を我国に伝えられてよりは、密教の法壇《ほうだん》を宮中に構えて、祈禱を行なう事になった。従ってこれを「後七日御修法《ごしちにちみしゅほう》」というのである。

大師は真言密教の宇宙的教理の旨趣を、宮中での祈禱会に盛り込み、日本の国家社会を、そのまま宇宙的不滅の教旨を以って裏付け、永恒の安泰と繁栄を期せられて、この行事を朝廷の祈願会とする事を奏上し、漸く大師御入定の前年即ち六十一歳の正月に、始めて勅許を得、大師自ら諸弟子を率いて親しく修せられ、後に国家の毎年の恒例法会としての裁可を仰いで、翌承和二年六十二歳の正月にも、大師自から親しく修せられ、その年の三月二十一日に御入定された。それ以後今日まで厳重に修行されている法儀である。唯、明治維新に都が東京に遷ってからは、勅使を仰いで、天皇陛下の御衣を祀り、大師の御寺《みてら》である京都の東寺の灌頂殿において、古儀そのままに今も尚厳重に修せられている。

真言宗は現在十八本山に分派しているが、後七日御修法だけは、全真言宗派一味和合して、大師の本源に帰り、その中より供師十五名を選び、東寺一山総係りで相勤めることになっている。従って東寺を大師は、特に教王護国寺と称せられた所以も、此処にある。高野山真言宗よりは二名推挙せられ、内一名は高野山内住職の内前官級より、又後の一名は山外地方の寺院中よりで、それに私が計らずも推された。ただ私は八十三歳の老令であるのと、持病の前立腺肥大症があるので、それが気にかかったのであるが、速刻返事をせねばならぬとの事、取あえず出仕することを返事し、随行は誰れにするかとの事で、それは孫の道安寺住職淳司にすると返事した。間もなく京都の各山会事務局より定額位に任ずる辞令参り、続いて御修法七日間の行事の詳細に就いて達示があった。

とにかく周到な身心の上の準備をととのえて、一月六日の夜オレンジフェリーで東予港を発ち、翌七日朝大阪南港に上陸、予じめ淳司が道順を調べていたので上陸後一路京都に向って東寺に着いたのが八時半であった。その日の午後より法会の習礼《しゅらい》があり、翌八日正午よりいよいよ開白の第一座が行われ、それより十四日の午前の結願に至るまで二十一座を勤めた。初め三日間は一日三座、中日よりは毎日四座づつであった。とにかく毎朝五時半起床、六時に集会《しゅえ》して進列し行道して、三百メートル余り離れた灌頂殿に入堂して行ずる。思ったよりは厳粛で、一座毎に寸分の隙もなく行事が進められて行く。老体にとってはいささか身にこたえたが、併しとても心は法悦と感激でいっぱいであった。幸いにも無事結願して、十四日午後に東寺を辞し十五日朝帰った。それより二日余りして遂に持病高じて排尿ままならず、七日間程は昼夜に亘り実に苦しんだが、二十四日の早朝二時に突如として、正状に排尿が出来るようになり、安らぎを取り戻した。併し病気が根治したわけではないので今後も再発しそれがたまたま余病并発して生命とりにならないとも限らず、思い切って専門医にかかって手術し根治した方がよいと勧められ、新居浜市住友病院に約一カ月入院して手術を受けた。諸種検査の結果、他に何の異状もなく、全く前立腺肥大症だけとの事なので、手術後十日余りで退院し、自坊に帰って養生している。

　余生いくばくを生きるか知らぬが、生きる限り快適に生きて、仏光を仰ぎ、仏道を生きたいのが私の日頃の願いである。顧り見れば、いつしか長い生涯を、苦難をのり超え、切りぬけて、よくもここまで生きて来たものと思うが、順縁逆縁共に是れ仏天の我れを生かし給う善巧方便と有難く正受して、今日の一日を生きているこの頃である。

附記

1　某師の質疑に答えて

昭和四十八年九月二十一日号（高野山時報）、十月一日号に連載された某師の『真言密教の真髄』なる論文を拝見した。師は密教々理等に就いて平生に深く研究して居られ、高い見識を持っておられることに就いて敬意を表する。ただその中の

「……近時指導的立場にある布教師が加持祈禱の原理を説いて、宇宙には大生命が漲っていて、それが肉体を通してその霊力を発揮するところに在るとする表現は、一見密教的に聞えるかも知れぬが、それは『梵』を大生命に置きかえただけの全く婆羅門教的思想の表現なので、仏者はとらない。……また常一主宰的の存在は仏教では認めない。仏陀釈尊は婆羅門教的思想をば断乎排撃せられたのである……」

の御指摘に就いては、私も布教師の末席をけがしており、加持祈禱に就いては自らも行じ、そのことの講習などにもあちこち出講しているので、深く反省し、それに就いていささか所見を述べたい。

端的に加持祈禱というと何か現世利益的な方便行のように思うが、私はそうは思わない。密教は

一面からいえば加持祈禱宗ともいえるし、密教のあらゆる拝み方——修法、行法は広義にいって自証化他のための加持祈禱法ともいえる。お大師様もまた非凡なる加持祈禱の行者であられたようにも思う。御一生の諸の事業もその初めにまず修法して祈りを籠めておられる。

加持という語は梵語のアデスターナ（adhiṣṭhāna）の訳語で、加は増加添加の意味、持は受持任持の意味——この相反する二つの働きが、相反するが故にその特質を足し合い、欠けたるを補い合う形で却って一つに融合せるところに加持の作用をなす。この加持する働きが又感応となって結果する。即ち加わるのは持する作用に応ずるからであり、持する作用は加わるのを感ずるからである。即ち加持する働きは感応におさまる。かくて加持感応は何事でも何ものでも現成する原理である。

この事は実は仏陀釈尊の、万象すべて因縁所生にして従って無常であり無我であるとの教理に違反するところか却ってそれに立脚しているのである。無常無我の故に、万象各々に自性も無く、従って個我も無く常一主宰の神我も無い、この方面からは人法倶に空であり、即ち諸法皆空にしてこれを正に真空という。但し真空は虚無の意味ではない。因縁に依って生ぜるところの万象は森羅として有る。

喩えば水は方、円、三角等何れの器にも盛られるが、さればとて水そのものは方でもなく円でも三角でも無い。即ち何れの形をも絶し、それを超えている。従って空である。この様にすべての形を超えてはいても水は水として在る。一定の形はないが器に従って種々に形を変えて厳然とある。恰かもこのように、因縁に従って種々に形象を変えつつ果てしなく応現する何ものかが実在している。これを妙有というている。この真空妙有は古来から仏教の教理の面目を現す相言葉である。

大師は真空の一面にのみ停滞する教えを遮情門と名づけ、妙有的方面を開顕して行くを表徳門と名づけて密教はこの表徳門の立場を取ることを強調しておられる。真空に依ってあらゆる個々の現象や特に個我神我に対する執われを破り、妙有的な体解を以ってして始めて、自他の対立を超えて両者を同時に包める絶対なるもの、有無を絶した無限なるもの、生滅を超えて永恒に生きつづけるもの――このように無限・絶対・永遠なる妙有としての実在に会うのである。それは神秘的な霊的なエネルギーともいうべきものではあるまいか。

それを物心不二の大宇宙生命と仮りに名づけても差支えないのではあるまいか。それを常一主宰の神我と断定することはいささか知解に偏する所見であって体解を欠いておりはすまいか。

凡そ密教は、宗教なのであるから常に体解を忘れて知解のみに走ることは真実の意義を見失うことになる。

お大師様が、密教を伝えて唐より帰朝され、時の天皇に密教の趣旨や請来の法宝物などの目録を

奉進された書状の『付法伝』の冒頭に

「…第一の高祖は常住三世の浄妙法身、法界体性智の摩訶毘盧遮那如来なり」

と書かれているが、今その内容を現代的な感覚にのせて表現すれば、

「永恒に生きつづける大霊にして宇宙法界をそのまま自らの身体とし給う大日如来を、我宗の高祖――根本々尊と仰ぐ…」

と説きほぐして差支えないのではあるまいか。

この宇宙大霊にましますす大日如来が自らの身語意三密を以って常恒に説法し給うを三密無尽荘厳蔵ということは、『大日経』や『同疏』にも説かれ大師も亦それを至るところで敷衍しておられる。

「毘盧遮那如来加持の故に身無尽荘厳蔵を奮迅示現し給う　是の如く語意平等の無尽荘厳蔵を奮迅示現し給う　毘盧遮那仏の身或いは語、或いは意より生ずるに非ず一切処に起滅辺際不可得なり而かも毘盧遮那の一切の身業、一切の語業、一切の意業、一切処一切時に有情界に於いて真言道句の法を宣説し給う」――『大日経』

「所謂荘厳と者　謂く一平等の身より普ねく一切の威儀を現じ　是の如くの威儀は密印に非る無し　一平等の語より普ねく一切の音声を現じ是の如くの音声は真言に非る無し、一平等の心より普ねく一切の本尊を現ず　是の如くの本尊は三昧に非る無し　然も此の一々の三業差別の相皆辺

際無し　度量すべからず　かるが故に無尽荘厳と名づく」――『大日経疏』

大師はまた

「所謂法身の三密は纎芥に入れども狭からず　大虚に亘れども寛からず　瓦礫草木を　簡《きら》わず

人天鬼畜を択ばず何処にか遍ぜざらん　何ものをか摂せざらん」

と『吽字義』に説き給うている。

要するに宇宙大霊の身語意三業の常恒の働きが森羅万象となって展開していることが説かれている。併し大日法身の働きは決して因果撥無でもなければ常一主宰でもない。おのずからなる因縁果の法に随っている。寧ろ如来自らが因縁果の法を生み出し、それに従って永恒の創造をなし給う、所謂法爾自然の働きにして無作の作といえる。

大宇宙がそのまま大日如来だとすると、どこか宇宙の中に統一の中心が無ければならぬというかも知れぬが、それは無い。若し動かぬ中心があるとすればどこかに末端がある事になり有限となってそれ自ら矛盾を来たす。何故かといえば宇宙とは絶対にして無限であり永遠なるものをいうからである。(宇とは四方上下の意・宙とは往古来今の意)

そのようなものは観念の上だけの事で実在しないという人があるかも知れないが、それは妙有として実在し無限生命の統一体として把握される。但し動かぬ中心はないがその代り捉えた所がいつもその場の中心となって他の一切が摂入されている。宇宙の中のどの一つをとらえてもよい。それがその場の中心となって他の一切がいつもその中に入って来ている。従って無限生命の統一体として実在しているといえる。これが宇宙の真実相であり、大日如来の大霊格の内景なのだ。

ただこの事は密教の行法を修する場合、その中の結界法の初めの大金剛輪の印明を結誦する事に依ってその三昧に入り、そこに本覚の如来を迎請するための心坦の基礎を築く所作となって、内に深く体解されるのである。

かくて万象悉く同一法身の顕現であるから本来法爾法然として万象相互の間に因となり縁となり果となって果てしがない。一即一切、一切即一の瑜伽惣持の境界である。いいかえたら本来加持感応の状態に於いてすべてのものごとは成立しているのである。これを本有の加持感応というのである。

今この理の上に立って三密瑜伽の秘法を修して、これを我らの現実生活の上に現成せしめて行くところに、修生の加持感応となるのである。密教のすべての拝み方はこの修生の加持感応の秘法にして、それは全く三密瑜伽の形式に依るのである。大師もまた

「一心の利刀を翫ぶは顕教なり　三密の金剛を揮うは密蔵なり」

といっておられる。

何故かといえば、根本大日如来が身語意三密を奮迅示現して常住に説法し給うているからである。従って手に印を結び、口に真言を誦じ、意その三昧に入れば、法身の三密と一致し加持感応を現成して所願成就する。茲に加持祈禱の成立つ教理的根拠がある。

某師の指摘される常一主宰の婆羅門教的思想に依っているとは思われない。某師の論文に就いては他にも一、二愚見を申上げたいのであるが、それは又他の機会に譲る。

2　日蓮宗中央講習会に出講して

A　真言宗の加持祈禱

去る昨年(昭和四十七年)九月二十九日東京都池上の本門寺における日蓮宗中央講習会において講話せる概要

仏教には現在数多くの宗旨教派があるが、その宗旨の教えの立前上祈禱をきらう教派がある。浄土真宗の如きはその最たるもので、祈りをすることは自力雑善の行で、弥陀他力の本願にあずかる道でないというて、むしろそれを排斥する。また禅宗の如きは、坐禅して覚りを開くということが主眼で、祈禱はそのあとでほんのつけ足りにする位にしかすぎぬ。独り祈禱に主眼をおくのは、真言宗と日蓮宗位であると思う。

日蓮宗のことは私にはよく分からぬが、真言宗では何故それほど祈禱に重きをおくのかというに、真言宗では覚りと祈り、すなわち覚証と祈禱は実は表裏一体なのである。真言密教の覚証の内容については、他の教派のそれと比べて少し異った特質がある。

およそ仏陀の覚証の内容を通仏教的にいって、真空妙有という言葉で表現し得る。真空とは、覚りそのものは有に非ず無に非ず、自に非ず他に非ず、生に非ず滅に非ず……で、あらゆる相対的な分別概念――すなわち人間の我執の上に立つところの偏見や執情を絶したところとして否定的に、いわゆる真如の空としてそれをとらえようとする傾向である。妙有とは、覚証の内容は、空といっても空虚、いわゆるからっぽではなくして、むしろあらゆる可能性――すなわち安らぎも福徳も愛も力も、その他あらゆる性徳を具えた実在であり、いわゆるそれは大霊的エネルギー源であるとして、それをそのままにとらえて行く。真言密教ではむしろ後者の妙有としてとらえようとする立場をとる。弘法大師も、書かれたものの中でそのことをいつもいっておられる。すなわち遮情門と表徳門として対比して説かれた。遮情とは妄念執情を遮ぎるの意味で、真空を表としておって、それは顕教（当時の四家大乗）の教えであり、表徳とは性徳を表わすで、妙有的実在の内容を開顕する。それが密教であると口を極めて主張しておられる。

「顕薬《やく》は塵を払い、真言は庫を開く」

と説かれ、すなわち真空遮情の顕教では、仏心の庫を覆うている塵を払うようなもの、その庫の中に入り、その宝を自在に使って福智を開顕するのが密教であるというのである。

このような旨趣は、大師より以前にすでに『大日経疏』の中にも比喩を以って示されている。今衆生の心地に菩提の種子が深く蒔かれてあるとする。その種子を早く発芽させ樹葉花果を繁茂させて仏果を円満せしめたいのが仏教全般の願いなるも、今その種子は妄情煩悩の雑草のために閉じ込められ、芽を吹き出すことすらも出来ない。そこでその雑草を苅りとることにひたすらかかり、妄情をあくまで断じ尽して行こうとする教派がある。すなわち、これらの教派では四弘誓願を修行の目標とし、その第二、煩悩無尽誓願断という所以である。

しかるに煩悩の雑草は、生命の深い所から生えているので、仲々取り尽せない。いくら取ってもまた生えて来る。それでもその草を取り除けることにかかってしまうのが遮情門の教えなのであるが、しかるにもう一つの行き方は、煩悩の草はそのままにしておいて、それよりもまず菩提の種子そのものに直ちに大慈悲の肥料を施こすを先きとする。その慈光を受けることによって菩提の種子は雑草を追抜いて発芽し、枝を張り葉を繁らせる。そうなれば雑草はその陰になるからおのずからに枯れてしまい、却って菩提の種子を養う資糧となり福智となるのである。このような福智を無辺に集め、身につけて行くのが表徳門の教えで、これが密教なのである。

そこで密教では、四弘誓願に対して五大願を立て、その第二を福智無辺誓願集というのである。かくて密教の覚証の内容は、あらゆる性徳、すなわち可能性を秘めた妙有的実在である。したがって、それを覚り体得すれば、おのずからに自他の上にそれを限りなく開発せずんばおられぬようになるところの、やむにやまれぬ真心がわいて来る。これを普賢行願《ふげんぎょうがん》――万徳円満の普賢大菩提心が行願となって燃え上る――といい、それがおのずから祈禱となって燃え上って来る。この祈願の心のわいて来ぬのは、未だその覚証が充分でないということにもなる。かくて密教では覚証と祈願は、常に表裏一体なのである。

それなら密教の祈禱の成立ちについては、どのような原理公式に基づくか、その成立ちを解く鍵は「加持」ということにある。したがって密教では祈禱の冠詞にいつも「加持」をつけて加持祈禱ともいう。あるいは祈禱なる語を略して単に「お加持」ということもある位である。

弘法大師も沢山の著書の中で祈禱という語を用いられたところは割合いに少なく、その代り「加持」なる語を盛んに使っておられる。そこでまず加持ということを説明する。

加持は、本来は梵語のアデスターナ（adhiṣṭhāna）より訳された語で加と持なる二つの働きが一つになることをいう。加は増加とか添加とかの意で、能動的に力が加わるをいい、持は任持とか受持とかで加わる力を受動的に受け持って行く。ところが加わる力を受け持つことは、それを感ずるからであり、その感ずることに応じて加わるのであるから、加持という働きは、裏をかえせば感応という結果におさまるといってよい。そこでいつも加持感応して効験利益が現成されるのである。

今まではこの加持感応の作用だけを、実際から切り離して抽象的に説明したのであるが、この加持感応が現実的にはどのように行なわれているかを観察して見る。これを左の二方面から見るとよく解る。

(A)、本有の加持感応

(B)、修生の加持感応

本有の加持感応とは、本来法爾法然として、天地大自然の現象も人文社会の現象も、心内心外の諸現象悉く加持感応の関係の上に成立っていることをいう。古聖はこのことを諸種の立場から分析し観察しているので、今それに従って説くことにしよう。

人々加持――人と人との間柄で、たとえば夫婦関係の如き、夫が加なら妻は持の立場で、したがって家庭がうまく成立つ。今この場で行われている講習会の如きも、仮りに講師が加なら受講者は持であり、この間が加持感応して始めて講習会がうまく行くのである。およそ人間関係がスムースに行くのは、お互いの間に加持感応が自然に行われるからである。

法々加持――例えば動物と植物の、互いに吐き出し互いに吸い合う炭酸ガスと酸素との関係の如きで、それによって共に生存することが出来る。また蜜蜂と南瓜の花の如き、蜂は蜜を受けて花粉を媒介し、花は蜜を捧げて実《み》を結ぶことが出来る。自然に行われている加持感応の誠によき一例でもある。

また黒板とチョークの如き、黒板は黒くて持の立場にあり、チョークは白くて加である。もし黒板が白くて加なら、いくらチョークで書いても文字が現われて来ぬ。いわゆる加持感応せぬことになる。大は天体間の運行より始まって、小は原子の構造に至るまで、皆この加持感応することによって、うまく調和し安定しているのである。

人法加持――私と衣食住の如きで、両者がうまく加持感応するから健康が保たれ、気持よく生活が出来て行く。もし両者の間に違和感を生じて、何かぴったりせぬとなると、それは加持感応せぬこととなり、破壊と混乱を来すであろう。

仏々加持――これは特に密教の曼荼羅会上における諸仏各々の間の加持感応にして、曼荼羅は、実は根本仏である大日如来の種々様々の変現の一つ一つが、沢山の応現仏として展開され、これらが秩序整然と集会し給うもので、したがって曼荼羅の中の一仏は、他の一切の仏と全く加持感応の状態にあり、仮りに不動明王を表とすれば、その背後には他の一切の仏が摂入されていることによって成立っている。どの一仏にも他の一切が入って来ているのである。

生仏加持――これは仏が大慈悲を以って我れに臨み、衆生の我れは信心を以って仏を仰ぐ。弘法大師もこの関係を「仏日の影、衆生の心水に映ずるを加といい、衆生の信水能く仏日を感ずるを持と名づく」と説明しておられる。

さらにこの内容をもう一つ具体的に説いたのが、密教の三力加持である。

三力加持とは「以我功徳力　如来加持力　及以法界力　普供養而住」というので、我が信修の力と、それに対する如来慈悲応現の加持力と、及び我れ並びに応現の如来を生み出し内に包み給う根本仏の法界一如の無碍力との三者が、現実に融会して、そこに効験を現成することを説いたのである。

この三力加持は、やがて修生の加持感応の成立つ原理ともなるのであり、そのことは後で述べることにする。

B　密教の神秘的宇宙観

このような本有の加持感応の成立つのは何故かというに、これはひとえに神秘眼を開いて見た密教の宇宙観によるからである。

密教とは一言でいえば、大宇宙をそのまま生きた仏様として拝む宗教ということが出来る。密教的眼光を開いて見れば、大宇宙はそのまま唯一の仏様の身体にして生き通しである。宇とは四方上下の意味で、無限の広がりを持つをいい、宙とは往古来今を意味して永恒を生きつづけることである。このようなものが宇宙の概念である。今その内容を眼につくところから捉えてゆけば、山川草木や人間動物など、無尽無数に展開棲息しているが、これを一つに纏めて地球という一つの天体となる。さらに地球上に立って天空を仰げば無数の星はてしなく連なる、しかもこれら天体間は、からっぽ―虚無でなくて実は何ものかが一ぱい満ちている。それが宇宙線となり放射能となって、種々様々に作用し合っている。

　このような一体としての大宇宙それ自体は、自他の対立を超えてそれらを同時に包む絶対者であり、また有無の限界を超えて宇宙一ぱいに満ちており、生滅の時限を超えて永遠に生きつづけている。すなわちそれは絶対無限の永遠の何ものかである。このような真空にして妙有的実在者――大霊的エネルギー源、これを法身仏というのである。密教の専門語ではこの仏様を遍照金剛と名づけ奉り、これが根本仏にしてあらゆる性能をたたえ、それが衆生の願求に応じてそれに相応せる姿、形、意趣をかざして具象化現し給うのが応現の諸仏諸菩薩、明王、天等でありこれら諸尊の整然と統一された集会が密教の曼荼羅なのである。

　広くいえば、天地に連なる個々差別の現象は、悉くこの根本一仏の大霊的エネルギーの生きつづける働きの尖端なのである。あたかも同一水の上の千波万波の如きである。したがってあの波もこの波も同一水を通して互いに通じ合っている。あたかも網の無数の結び目の如く、一つをとれば他は悉くそれに入って来ている。大宇宙の森羅たる万象悉くこの関係を洩れるものは一つもない。このような宇宙観を説く密教を、また瑜伽総持教というのである。瑜伽とは全体の中に個を見て行くをいい、総持は個の中に全体をとらえて行く、いわゆる一即一切　一切即一　互為主伴の関係に於いて万象は存在する。かくてこれら森羅万象の上に本有の加持感応がいつも行われており、それによって各々は成立っているともいえるのである。

修生の加持感応とは、このような本有の加持感応の理をふまえて立ち、それを我らの現実生活の上にもたらし、秘められたる性能を開発して効験を現成せしめて行くことをいう。そのための誠に適切な秘法が三密瑜伽法なのである。今三密とは、身と語と意の三密にして、この三つは生命が肉体―個体を現じ、それを通して生きる働きを現わして行く三つの機能といってよい。すなわち生命の油が肉体の中に燃焼して意識活動を起し、それが肉身を通して動作となり、声帯に触れ口舌を通して語となる。すなわち意と身と語とは、生命が個体を通して働く三つの機能にして、本来一如である。

およそ大霊的エネルギーの法身が、永恒の働きの過程において、限りなき個々差別の現象を展開し、その各々の個体を通して自ら生きて働く場合、必らず身語意の三つの機能を通して働きを現わして行く。このことは人間や動物はもとより、植物も鉱物も、およそ万象皆然りである。

したがって、今仏心のエネルギーがそのまま我が肉体を通って意識活動の上に盛り上れば、それは意密の上の三昧《さんまい》―心ばえとなり、さらにそれが身体的働きの尖鋭たる両手の上にもり上って印契となり、それがまた語の上にほとばしり出て真言となる。この印と真言と三昧と一つになって働く時は、仏心のエネルギーがそのまま神秘の霊光となって働き出るから、そのまま法力となって他の一切にも通じて影響を及ぼし、期せずして効験が自他の上に現成するのである。このような三密瑜伽の秘法こそ加持祈禱を成就する最適の妙法といえよう。

したがって弘法大師はこの事を

「三密を以って加持すれば速疾に顕わる」

といい、また

「法力に遠近無し　千里則はち咫尺なり」

とも説かれている。このところに加持祈禱の成り立つ深遠な教理的根拠があるのである。

真言密教では、このような意味から妙有的実在である法身を体解身証し、大霊的エネルギーを把握するところに修行の眼目があるので、したがって覚証は、そのまま加持祈禱につながって来る。むしろ始めて加持祈禱によってその実を結ぶといってよい。加持祈禱のわいて来ない密教の覚証など、未だ本ものでないということにもなり、また加持祈禱の行法は、そのまま覚証成就の道にもなるのである。

したがって密教では、三密瑜伽の行法が沢山の種類に亘って説かれ、そのどれもがそのまま覚証の秘法であり、また加持祈禱法でもあるのである。今はその種類を大別一覧するにとどめる。

普通法｛小法立―諸種一印法等
　　　　中法立―別行立―諸尊法等
　　　　大法立―都法立―曼荼羅法等

特殊法｛護摩法―五種護摩法
　　　　浴油法―五種浴油法
　　　　灌頂法―四種灌頂法

C　加持祈禱の心得

終りに、加持祈禱の実際において起こって来る、種々の問題の三四について説くことにしよう。

①実際に受者を眼前において加持する場合、速疾に効験の現成して来ぬことがある。その場合にどのように摂化誘導すべきか、もしそのままでは受者はやがてその行者に対して、またその秘法に対しても信を失なうことになる。

およそ真実の効験は、必ず因縁相熟して現成するものであると知るべきである。したがって受者が仮りに不信を表わしても、未だその時期に非ざるを教え、むしろその性急を誡しめねばならぬ。秘法に依って加持祈禱することは受者の心地に種を蒔くようなもの。大根の種のように蒔いたらすぐに生えるのもあれば、柿の種のように三年もたたぬと生えぬのもある。

それなら、その種は何時《いつ》に生えるかと聞きたがるであろうが、それは仏様のみが知り給うので、行者には分からなくてもよい。秘法を行じて種を蒔くのが行者の役、これを生やして下さるのが仏様の役と知るべきである。ただ蒔いておけば必ずおそかれ早かれ、程よき時に因縁熟して現成して来る。仏様が必ずそのようにして下さるのであると深く信じて、行者自らも祈願をつづけ、受者にも信心相続せしむるようにすべきである。受者の信心相続せしむることが、効験の少しでも早く現成する機縁を作ることにもなるからである。

②医薬を否定してはならぬ——とかく加持祈禱の行者は、秘法を確信するの余り、医薬を否定しがちであるが、このことは大変な誤りであり、自ら深く誡しむべきである。

弘法大師の書かれた『十住心論』の初めに

「凡そ病気は四大不調と鬼と業より起る」

と説き出され、四大不調は肉体を形成している栄養のバランスがくずれて起る病気で、それの治癒には医薬にもよれ、また密法にもよれと示されている。

　また鬼病は、執念をもった霊の障りより来るもので、これは、ひとえに密法によってその執念を晴らすことにより治る。また業病は前世の業因によって生ずるもので、すでに生まれながらにしてそのような病気のもとをもっている。この病気も、根治のためには密法によって業因の内容を漸々に変えて行くことより外にないと説かれている。

　しかるに、現実に加持祈禱を求めて来る受者には、如上の三つの病気を各々厚簿の度合はちがっていても、兼ね持っている場合が多いのである。従って医薬にもよれ、同時に密法にもよるべきであるとして、一方に偏らない適切な指示を与うべきである。
　③障碍を恐れてはならぬ――加持祈禱の行者には、その熱心な余りついうかうかと力が入りすぎて、いつしか自我の所作となり易い場合がある。それが障碍となって行者にふりかかって来る。突如大病になるとか、また手も足も出ぬような行詰りに出遇わすことがある。しかしそのような障碍は、仏様の大慈悲のお叱りと思えばよい。その場合は謹しんで自らの不明不徳を懺悔し、益々加持祈禱に励むべきである。そうすれば却って禍い転じて福となる。障碍あってこそ却ってお加護もあらたかと知るべきである。障碍を恐れず仏様に叱られたと思い、仏様は憎んでお叱りになるのではない、可愛いが故のお叱りであるから、いくら叱られても益々その大慈悲を信じ、その道に精進す

べきである。

④自分の修力で効験があったと慢心してはならぬ――密教では修験の行者の陥り易い弊害である。とかく修験の行者は錫杖を振ったり掛け声をかけたりの荒々しい所作が多い。したがっておのずからに力みが入って、自分の修力を頼み易く、自我の所作に陥り易い。

今瑜伽の秘法を修して祈ることは実は仏様の加持力に支えられてのことなので、もとより自分の計らいより出た所作ではない。したがってそれを修して効験があっても、仏所護念より現成するのである。例えば幼い子供が字を書く場合、親が後から手を添えて書かせればこそうまく書けるようなもので、それを子供が自分で書いたと思い込むのと同様なことになる。仮りに自分の修力で対手の障りが除かれたとしても、その対手の因縁を自分がかぶることになり、したがってこのような修験の行者の末路がみじめになる場合が多い。自分の修力で!! と思い込むからいつしか慢心となり矯りとなるからでもあろうが。

すべて仏大慈悲の加持力の致すところと深く信じて行ずれば、対手の因縁を自分が受くることもなく、悉く仏様が引受けて下さり、それは仏光の中に解消してしまうのである。

⑤一見無理だと思うことでも遠慮なく頼め――三密瑜伽の秘法を通して祈る限り、如何なることも因縁相熟してやがてはかなえられるものと知るべきである。私念を離れて法によって何事も真心

から根気よくお願いし続けるのがよい。

⑥世間出世間の悉地（利益《りやく》）に勝劣なしと知るべきである。――人はとかく成仏とか安心とかは、いわゆる出世間の悉地として勝れており、現世利益の如き凡人の求める現世の息災平安幸福繁栄長寿健康等を祈ることは、いわゆる世間の悉地で劣ったもの――との考え方をいだく人がある。しかし決して両者に価値の上の勝劣はない。その何れにしても三密瑜伽の秘法を通して祈り、悉く仏心よりめぐらされ来る利益である限りは、皆等しく仏様の福智の荘厳である。素寒貧な生活をすることだけが仏道と限ったわけでない。現世の幸福繁栄も仏所護念より現成せるものにして、共にこれ仏様の勝功徳と仰ぐべきである。

以上加持祈禱の実際において起こって来る三、四の問題をとらえて、所感を述べ参考に供したまでである。

与えられた時間が来たので私の話はこれで終ることとする。

初出一覧

第二章――「聖愛」昭和五八年一月号～五九年一月号に連載
第三章1～7A――「聖愛」昭和五九年二月号～同九月号に連載
第三章7B――「六大新報」昭和四三年七月二五日号に掲載
第三章7C――「高野山時報」昭和五四年八月一一日号に掲載
第三章8――「聖愛」昭和五九年九月号に掲載
附記1――「高野山時報」昭和四八年一一月号に掲載
附記2――「高野山時報」昭和四八年四月号に掲載

三井英光（みつい　えいこう）

1902年　新潟県生まれ。
1927年　高野山大学密教学科卒業。
　　　　高野山真別処、奥之院、伽藍の維那を歴任。僧階大僧正、教階主教、学階学匠。
2000年　遷化。
著　書　『加持祈祷の原理と実修』『曼荼羅の講話』（高野山出版社）、『入定留身』（法藏館）、『密教夜話』『加持と実践』『大師の世界』（東方出版）ほか。

加持力《かじりき》の世界《せかい》【新装版】

1985年11月21日　初版第1刷発行
2017年 2月21日　新装版第1刷発行
2022年 9月28日　新装版第2刷発行

著　者　©三　井　英　光
発行者　稲　川　博　久
発行所　東 方 出 版（株）
　　　　〒543-0062 大阪市天王寺区逢阪 2-3-2
　　　　TEL06-6779-9571　FAX06-6779-9573
装　幀　森　本　良　成
印刷所　モリモト印刷（株）

落丁・乱丁本はおとりかえいたします。　ISBN978-4-86249-279-1